Reiner Jungnitsch

Glauben Sie das wirklich?

Reiner Jungnitsch

Glauben Sie das wirklich?

**In Briefen mit Jugendlichen
das Leben und den Glauben erkunden**

BOD Norderstedt

Bibliografische Information der Deutschen Nationalbibliothek:
Die Deutsche Nationalbibliothek verzeichnet diese Publikation in der Deutschen Nationalbibliografie; detaillierte bibliografische Daten sind im Internet über http://dnb.dnb.de/ abrufbar.

Herstellung und Verlag:

BoD – Books on Demand, Norderstedt

ISBN 9783746094038

Inhalt

Kapitel I:
Sieh mal was du glaubst!

Vom eigenen Glauben zu reden, ist nicht gerade Mode. Das hat gleich so einen frommen Beigeschmack, riecht nach Kirche, Weihwasser und trockenen Sprüchen. Je nachdem, was man in dieser Richtung für Erfahrungen gemacht hat, ist eine solche skeptische bis ablehnende Haltung sehr verständlich. Das weiß ich aus eigener Erfahrung.

Als ich etwa 10 Jahre alt war, wurde ich jeden Sonntag, wie es sich für einen braven katholischen Jungen gehört, zur Kirche geschickt. Ich ging auch, zumindest eine gewisse Zeit lang. Mein innerer Protest gegenüber dieser rituellen Pflicht wurde jedoch immer größer. Was da im Gottesdienst ablief, blieb mir fremd und unverständlich. Wie die Erwachsenen diese absolut langweilige Stunde bloß gut finden konnten, war mir ein Rätsel. Also tat ich nach einer Weile so, als ginge ich folgsam zur Kirche. Tatsächlich aber trieb ich mich in dieser Stunde irgendwo herum, wo es interessanter war, und ging wieder nach Hause, als auch die Kirchgänger wieder auf dem Heimweg waren. Daheim wurde auch nicht nachgefragt wie es denn gewesen sei oder so. Fazit: alle waren zufrieden.

Welchen Stellenwert für mich damals Kirche, Glaube, Gott usw. hatten, kannst Du Dir wohl vorstellen. Mein Abstand von all diesen Themen wurde im Laufe der Zeit so groß, dass ich mit 18 Jahren ernste Überlegungen anstellte, endgültig aus der Kirche auszutreten. Ich habe es dann doch nicht getan. Wieso weiß ich auch nicht so genau.
Erst ein paar Jahre später begann ich mich erneut für religiöse Fragen zu interessieren.
Interesse und Wissensdurst wurden sogar so stark, dass ich mich für ein Studium der Theologie entschied und anschließend sogar für einen Beruf in dieser Branche.
Rückblickend kommt mir diese Wegbeschreibung selber immer wieder komisch vor, und ich beginne dann ein wenig nachzugrübeln, warum das alles so geworden ist.

Das erzähle ich Dir, damit Du siehst, wie gut ich Dich verstehen kann, wenn Du sagst, Du kannst mit dem Glauben und dem ganzen kirchlichen Kram nicht viel anfangen. Damals konnte ich das auch nicht. Aber inzwischen ist mir die eine oder andere Einsicht gelungen, so dass ich für mich einige Zugangswege zum Glauben gefunden habe.

Wenn Du jetzt aber vermutest, ich wolle Dir meine Einsichten auf raffinierte Weise unter die Weste jubeln, dann bist Du auf dem Holzweg. Meine Erfahrungen kann ich Dir nicht vermitteln und will es auch gar nicht. Auch will ich Dich nicht irgendwohin manövrieren, damit Du „auf den rechten Weg" gelangst. Alles Unsinn. Mir liegt nur daran, etwas die Spreu vom Weizen zu trennen, Dir einige Denkwege und Perspektiven vorzustellen, die mir wichtig erscheinen, um überhaupt einen Ansatzpunkt zu finden in Sachen Religion, um dann weitere Wege auskundschaften zu können.

Für das, was Du glaubst oder nicht, bist Du ganz allein zuständig. Das kann Dir niemand abnehmen. Dein Glaube sollte allerdings, damit er für Dich „brauchbar" erscheinen kann, einigermaßen vernünftig sein. Das bedeutet, dass auch Dein Verstand eine wichtige Rolle spielt und Du offen bleibst für die Argumente und Erfahrungen anderer Menschen.

Ich will damit andeuten, dass die ganze Diskussion über den Glauben (zumal den christlichen, den wir hier unausgesprochen meinen) ein offenes Gespräch ist und bleiben soll. Von fertigen Definitionen auszugehen, die den Inhalt des Glaubens schon wasserdicht festlegen, würde ein Gespräch unmöglich und überflüssig machen und jeden kritisch Fragenden zu einem abwinkenden „Nein danke!" nötigen. Das wäre nicht das, was ich mit „glauben" meine.

Zu meinem Glauben gehören der Zweifel und die Unsicherheit dazu, ebenso wie kritisches Nachdenken - und ein begründetes Nein zu manchem, was einem gelegentlich unter dem Firmenschild von Religion bzw.

Christentum begegnet. Und da gibt es einiges, was mir im Magen liegt. Trotzdem halte ich aus guten Gründen an diesem Glauben fest und verstehe mich ganz bewusst als Teil dieser Kirche.

Diese Gründe aber kann ich Dir nicht auf die Schnelle in ein paar kurzen Sätzen klarmachen. Ich möchte vielmehr einige Schritte vorher ansetzen, um Dir zu zeigen, dass die Sache mit dem Glauben eigentlich ganz woanders anfängt, viel einfacher und normaler ist, als Du vielleicht meinst. Wenn Du also Lust und Laune hast, in dieser Sache selber ein Stück weiter zu kommen, dann bleib noch etwas sitzen und lies weiter. Okay?

1. Wie lange reicht eine Zigarette?

Im Religionsunterricht wurde ein Lehrer von den Schülern mal gefragt, wieso er eigentlich jeden Sonntag zur Messe gehe. „Weil ich das brauche", war seine knappe und ehrliche Antwort. Sie löste in der Klasse (die wohlgemerkt aus einer sogenannten „katholischen Gegend" stammte) schallendes Gelächter aus. Der Lehrer ließ sich aber dadurch nicht beirren und fragte einen der Jugendlichen zurück: „Was brauchst Du denn?" Dem jungen Mann fiel seine Antwort offensichtlich auch nicht schwer. Er zeigte auf seinen Tabakbeutel in der Hemdtasche und sagte ganz zufrieden: „Zigaretten!".
Das sieht nach einer Patt-Situation aus. Einer braucht seinen Gottesdienst, dem anderen erfüllen die Zigaretten den gleichen Zweck.

Unser Zigaretten-Freund - nennen wir ihn einfach mal Tom - stellt seinen Tabak ganz selbstbewusst dem kirchlichen Glauben des Lehrers entgegen. Dafür hat er sicher vielerlei Motive. Seine ablehnende Distanz zu der religiösen Überzeugung des Lehrers mag mit seinen bisherigen Erfahrungen auf diesem Sektor zu tun haben. Wahrscheinlich waren sie so abschreckend, dass er das ganze Kapitel mit der Aufschrift „Religion, Kirche & Co." schon bald abgehakt hat. Vermutlich zu Recht. Denn wenn er für sich irgendwelche Zugänge zu diesem überlieferten Glauben gefunden hätte, dann würde er jetzt das Bekenntnis des Lehrers nicht so abgrundtief lächerlich finden und dafür so massiv auf seine Glimmstengel pochen.

Versteh mich bitte richtig. Ich will Tom den Tabak nicht madig machen und auch die Position des Lehrers hier nicht verteidigen. Das müsste dieser schon selber tun. Aber ich möchte, und das wirst Du mir wohl nachsehen, gerade an Tom einige Rückfragen stellen, weil mir seine Einstellung für viele junge Leute recht typisch zu sein scheint. Dabei will ich ihn gar nicht in ein schlechtes Licht stellen.

Er soll seine Zigaretten auf jeden Fall behalten und toll finden dürfen. Ich möchte sogar noch eins draufsetzen und behaupten, er sei ein recht religiöser Mensch!

Was seine Zigaretten denn bloß mit der Religion zu tun haben wirst Du vielleicht fragen. Warte ab und lass uns gemeinsam hinschauen.
Tom hat geantwortet, dass er seine Zigaretten brauche. Das heißt, er hat eine Erwartung, ein Bedürfnis ihnen gegenüber. Sie geben ihm etwas. Was das ist, dürfte wohl auch für Tom schwerlich genau zu beschreiben sein. Eine Zigarette ist für ihn ja nicht nur ein willkommener Konsumartikel, sie *bedeuten* ihm auch etwas. Sie vermitteln ihn nicht nur eine Art Halt, sie geben ihm unmittelbar ein Gefühl von Sicherheit und Schutz in Momenten der Belastung, der Langeweile, der Einsamkeit usw. Das Rauchen ist für Tom wahrscheinlich auch ein verbindendes Element unter Gleichgesinnten: der Rauchergemeinschaft. Also eine Art gemeinsames Glaubensbekenntnis.
Zudem wird mit jeder Zigarette quasi ein Ritual wiederholt, wird einer aktuellen Gefühlslage auf diese Weise eine passende Ausdrucksform gegeben.
Die Zigarette ist in einem solchen Augenblick mehr als eine Zigarette. Sie ist dann ein Symbol für vielerlei Hintergründe, die sich nur erahnen lassen. Soweit - so klar?

Also: wenn wir mit aller Vorsicht unterstellen dürfen, dass Tom´s Zigaretten ihm so etwas wie Halt, Sinn und Geborgenheit vermitteln, und zwar als eine direkte sinnliche Erfahrung, dann würde ich sagen, dass das genau seine Form von Religiosität ist. Denn seit Jahrtausenden sind es unter anderem gerade diese Elemente, die die Menschen von ihrer jeweils praktizierten Religion erwartet haben. Daran hat sich bis heute wohl nichts geändert.

Der erwähnte Lehrer, der wegen seiner so altmodisch-frommen Antwort ausgelacht wurde, wird doch hinsichtlich seiner religiösen Überzeugung und Praxis genau dieselbe Erwartung haben. Oder meinst Du nicht?

Auch er sucht in seinem kirchlich ausgerichteten Glauben einen tiefgreifenden Halt für sein Leben, eine geistige Orientierung und sich daraus ergebende Wertmaßstäbe für den Alltag. So weit auseinander liegen die beiden mit ihren „Glaubensbekenntnissen" also nicht. Jedenfalls was die Zielrichtung betrifft.

Tom´s angesagter Haltegriff im Leben sind zumindest seine Zigaretten. Genau deshalb reizt mich das zum Nachfragen. Wie weit reicht dieser Halt, diese „Lebensphilosophie" im Alltag? In welchen Situationen bieten ihm seine Zigaretten nicht mehr den nötigen Trost? An was mag er sonst überhaupt noch glauben wollen oder können, wenn er schon so entschieden für das Naheliegende und Handgreifliche ist? Wird er eventuell genauso selbstbewusst die Parole vertreten: „Ich glaube nur was ich sehe!"?

Nun, ich will unserem Freund nicht zu viel anhängen, sondern die Sache durchs Zuspitzen nur etwas deutlicher machen. Du wirst aber wohl erkennen, worum es mir geht: um die alltägliche Praxis dessen, was man „glauben" nennt. Darum kommt nämlich niemand herum. Einen absolut ungläubigen Menschen gibt es nicht, selbst wenn einer das von sich selbst behauptet. Er oder sie ist sich dann der eigenen tagtäglichen Lebensvollzüge noch nicht hinreichend bewusst geworden.
So erstmal meine Behauptung. Lass es mich noch ein wenig erläutern.

Was unsere Zeitgenossen so alles glauben, betonen sie bei passender Gelegenheit oft mit einer gehörigen Portion Stolz in der Brust. Der Eine glaubt nur an sich selbst, der Andere an das Glück oder den Zufall, wieder ein Anderer an die immer neuen Siege der Wissenschaft. Viele glauben an die Sterne und die Wiedergeburt, wieder andere bekräftigen ihren Glauben an einen Talisman, an ein Leben nach dem Tod oder an Gott. Ebenso geglaubt wird an übersinnliche Kräfte, Dämonen, die Wirkung von Edelsteinen, an magische Rituale oder die Existenz von Ufos. Glauben kann man offensichtlich an vieles.

Doch das sind alles schon ganz spezielle Glaubens-inhalte, über deren Vernünftigkeit man sicher diskutieren darf. Es gibt aber eine ganz unscheinbare und noch tiefer greifende Form des alltäglichen Glaubens, die uns allen gemeinsam ist. Sie ist sogar so fundamental und lebenswichtig, dass niemand von uns auch nur einen Moment lang darauf verzichten kann.

Denke dazu einmal kurz an das, was Du jeden Tag so machst. Am Morgen hast du Deinem Wecker geglaubt, dass er zur richtigen Zeit klingelt. Du hast zum Frühstück vielleicht eine Milchtüte oder ein Marmeladenglas geöffnet - in dem unbewussten Vertrauen, dass auch drin ist, was draufsteht. An der Haltestelle hast Du ganz selbstverständlich dem Fahrplan geglaubt, genauso wie den Nachrichten im Rundfunk.

Auch gehst Du in der Regel davon aus, dass das, was Dir ein anderer erzählt, auch der Wahrheit entspricht, dass Deine Mitmenschen Dich nicht ständig übers Ohr hauen wollen. Ohne auch nur einen Gedanken daran zu verschwenden, vertraust Du darauf, dass Deine sämtlichen Körperorgane heute wieder ihren üblichen Dienst tun. Du legst Dich abends ins Bett in der unbezweifelten Annahme, am Morgen wieder aufzu-wachen. Diese Aufzählung ließe sich beliebig fortsetzen. Alles normal? Alles selbstverständlich?

Mir scheint es nicht so. Auch ich muss mir immer wieder vor Augen führen, wie wenig „klar" das eigentlich alles ist und wie unbewusst ich in vielerlei Hinsicht durchs Leben gehe. Und wenn ich dann mal wieder so einen gewissen Moment habe, in dem ich mich quasi neben mich stelle und dann ganz genau aufpasse, was ich da gerade mache, bzw. was da mit mir oder um mich herum geschieht, dann packt mich immer ein recht ehrfürchtiges Gefühl. Ein Staunen über mich selbst, meine Umwelt, über das Leben insgesamt.
Passiert Dir das auch manchmal?

In einem solchen Augenblick, wo das Normale plötzlich gar nicht mehr so normal ist, stellt sich vielleicht die Frage, was mich nachts so vertrauensselig schlafen lässt, obwohl ich in diesen Stunden keinerlei Kontrolle über meinen Körper habe.

Ein unbändiges Vertrauen habe ich beim Einschlafen, dass mein Herz ganz brav weiterschlägt, statt ebenfalls zum Stillstand zu kommen.

Welchen Grund haben wir für ein derartiges Loslassen, für ein so weitreichendes Vertrauen, von dem buchstäblich unser Leben abhängt? Wie würdest Du das nennen?

Meinerseits nenne ich das Urvertrauen. Dieses Urvertrauen richtet sich, wie gesagt, meist völlig unbewusst auf das dauerhafte und verlässliche Wirken aller natürlichen Abläufe, auf die Friedlichkeit der Mitmenschen sowie auf das Leben und die Zukunft allgemein.

Wenn wir dieses tiefsitzende Vertrauen nicht hätten, so scheint mir, wären wir nicht lebensfähig. Überdenke das nochmals für Dich in aller Ruhe. Spiele die genannten Vertrauensmomente einmal im Negativen durch. Was wäre denn, wenn wir in alledem nicht dieses Maß an Zutrauen haben könnten?

Du wirst sicher einwenden, es gäbe genügend Beispiele für das Gegenteil, wo etwas nicht so läuft wie es sollte, wo zwischen Menschen eher das Misstrauen regiert usw. Das ist nicht zu bestreiten. Aber weder ist das der Normalzustand, noch werden diese negativen Fälle zu einer Widerlegung der anderen.

Selbst in Situationen, in denen es z. B. dieses vertrauensvolle Miteinander gerade nicht gibt (aus welchem Grund auch immer), da vermissen wir es und wünschen, es wäre möglich. Einfach, weil es so besser ist, weil es uns das Leben leichter macht. Es findet eine Zustimmung aus unserem tiefsten Inneren heraus. Ist es nicht so?

Die Psychologen sagen uns, dieses Urvertrauen in die Welt und das Leben würde bei jedem von uns in den ersten Lebensjahren verankert. So wie wir ganz am Anfang unsere Umwelt erfahren durften (oder mussten), so wird unsere Grundstimmung in späteren Jahren. Die Tendenzen in Richtung Optimismus oder Pessimismus mögen hier ihre Wurzeln haben.

Wie Du weißt, gibt es Menschen, für die ist eine Flasche leider schon halb leer, während sie für den Anderen zum Glück noch halb voll ist. So ist das Leben. So sind wir.
Dass diese Vertrauensbereitschaft in das Leben schon recht früh gefördert oder behindert wird, zeigt uns auch, wie nachhaltig der weitere Lebensweg bereits zu Beginn verkorkst werden kann. Vielleicht erinnerst Du Dich später einmal daran, wenn Du selber Kinder hast.

Bis hierher wollte ich wenigstens eines deutlich machen: mit dem Wort „glauben" ist erstmal eine recht alltägliche Sache gemeint. Wir alle praktizieren sie ständig, ob wir das merken oder nicht.
Noch direkter: Leben und glauben gehören innerlich zusammen, sind faktisch nicht voneinander zu trennen!
Außerdem ist Dir sicher aufgefallen, dass ich wechselweise mal von „glauben", mal von „vertrauen" gesprochen habe. Das war Absicht, denn beide Wörter sind gleichbedeutend. Sie sind austauschbar, ohne den Sinn einer Aussage zu verändern. Wem Du vertraust, dem glaubst Du auch, was er sagt. Oder?
Du siehst, vor allem in zwischenmenschlichen Beziehungen geht es gar nicht „ohne". Ihr Gelingen ist geradezu davon abhängig.

Was wir bisher angesprochen haben, betrifft zugegebenermaßen noch nicht den Glauben im eigentlich religiösen Sinne. Vom christlichen Glauben war ja noch gar nicht die Rede. Doch Vorsicht, ziehen wir den Kreis der Religion nicht zu klein. Wer nämlich zum Vertrauen im Getriebe des Alltags kaum bereit oder in der Lage ist, der wird erst recht Schwierigkeiten haben, sich auf einen spezifisch religiösen Glauben einzulassen. Ob das bei Tom auch der Fall ist?

Vielleicht steckt auch mehr von der Substanz des christlichen Glaubens in diesen wenig bewussten Alltäglichkeiten als viele meinen.

2. Was es so alles gibt

Wenn in einem Gespräch plötzlich das Stichwort „Glaube" fällt, wirkt das auf manchen Zeitgenossen wie das lästige Gesumme einer Fliege. Sie bewaffnen sich dann sogleich mit einem schlagkräftigen Satz und gehen siegesgewiss zum Angriff über: „Glauben heißt nicht wissen!" oder „Ich glaube nur, was ich sehe!" oder „Dafür gibt es sowieso keine Beweise!" oder ähnliche Geschosse. Die Schützen sind dabei immer sehr sicher, diesen Vertreter der Religion quasi mit einem Schuss niedergestreckt zu haben. Was soll denn nach einer solch vernichtenden Attacke noch übrigbleiben?

Auf den ersten Blick scheint man gegenüber so eingefleischten Skeptikern keine guten Karten zu haben. Aber das sieht nur so aus. Man muss sie nur am richtigen Ende packen.
Ein amerikanischer Theologe beschrieb einmal, mit welchem Trick er einen derartigen Scharfschützen drankriegte: „Der Skeptiker ist niemals überzeugend. Da steht er, ein Cocktailglas in der Hand, den linken Arm lässig auf dem Kaminsims postiert, und sagt, dass nichts gewiss sei, nicht mal seine eigene Existenz. Ich habe da eine geheime Methode, solch universalen Skeptizismus mit vier Worten zu demolieren. Ich flüstere ihm zu: 'Ihr Hosenschlitz ist offen'. Wenn er so bombensicher ist, dass es keine gültige Erkenntnis gibt - warum schaut er dann jedes Mal hin?" (Robert F. Capon).

Nun, das ist sicher eine besonders coole und humorige Art zu reagieren. Jemanden, der gleich alles in Zweifel zieht und keinerlei Erkenntnis als sicher gelten lassen will, trifft man aber eher selten. Und wenn man es genau nimmt, ist die Behauptung dieses Skeptikers in sich unlogisch und widersprüchlich. Nichts hält er für sicher erkennbar. Aber was ist mit seiner Aussage selbst, die er als seine Erkenntnis vertritt? Ist die denn sicher, oder gehört sie ebenfalls in den Ordner „Zweifelhaft"? Was bleibt dann? Aber dies nur nebenbei.

Meistens werden dem angeblich schwankenden Boden der Religion die sicheren und tragenden Säulen der Wissenschaft entgegengestellt. Da weiß man, was man hat. Das lässt sich belegen, ist handfest und nützlich. So hört man.

Gleich darauf zu verweisen, dass auch die naturwissenschaftlichen Erkenntnisse einem teils sehr raschen Wandel unterliegen, also manches heute verworfen wird, was gestern noch Gültigkeit hatte, wird einen Wissenschafts-Fan nicht gleich aus dem Sattel werfen. Der Knackpunkt des Missverständnisses zwischen dem Glauben und der Naturwissenschaft liegt auch ganz woanders.

Damit Du verstehst, was ich meine, will ich mit einer kleinen Aufgabe beginnen. Wenn Du also willst, nimm Dir mal eben einen Stift und mache ein paar Kreuzchen:

Gibt es das wirklich?

	Ja	Nein
1. dieses Buch		
2. ein Wasserstoffatom		
3. die Liebe		
4. die Elektrizität		
5. die Radioaktivität		
6. die Treue		
7. den Wind		
8. das Gewissen		
9. die Freundschaft		
10. Gott		
11. die Osterinseln		
12. den Nordpol		
13. die Luft		
14. das Jenseits		
15. den Äquator		

Ist Dir dabei etwas aufgefallen? Wo kam Deine Antwort ganz schnell, wo musstest Du erst einen Moment überlegen? Vor allem: was ging Dir bei den einzelnen Positionen durch den Kopf, um eine klare Antwort zu finden?

Mich reizt es zwar zu erfahren, wo Du für Ja oder für Nein gestimmt hast, aber das ist gar nicht der ausschlaggebende Punkt. Viel wichtiger ist mir an dieser kleinen Übung die bewusste Wahrnehmung des jeweiligen Weges zu einem Ja oder Nein.

Ein Beispiel: du wirst vermutlich mit dem Kopf geschüttelt haben bei der ersten Position. Daran zu zweifeln, dass dieses Buch hier wirklich vorhanden ist, wäre ein logischer Widerspruch.

An der sinnlichen Wahrnehmung des Buches gibt es nichts zu rütteln. Wie ist es aber bei all den anderen Sachen? Eine unmittelbare und klare Bestätigung durch Sehen, Hören, Riechen, Schmecken oder Tasten ist bei vielen der „Objekte" nicht möglich. Es macht auch sicher noch einen Unterschied, wie Du herausfindest, ob es die Osterinseln, die Liebe oder ein Jenseits gibt. Das verlangt ganz verschiedene Wege zu gehen. Und die einzelnen Antworten liegen folglich auch nicht auf derselben Ebene. Klar?

Der Nachweis z. B. der Radioaktivität dürfte mit Hilfe eines Geigerzählers kein besonderes Problem darstellen. Selbst der bornierteste Skeptiker wird sich durch die Anzeige auf dem Gerät belehren lassen müssen. Die Beweislage ist hier eindeutig. Wie aber beweist Du einem anderen Menschen, dass Du ihn liebst? Welchen Beweis für die Liebe würdest Du umgekehrt selber akzeptieren?

Du merkst, jetzt wird es schon schwieriger mit Eindeutigkeit und Beweis. Meinerseits halte ich daran fest, dass es für Liebe keinen Beweis gibt und geben kann. Sie bleibt eine höchst subjektive Wahrnehmung, bei der Irrtum oder Missverständnis nie ganz ausgeschlossen werden können. Außerdem, was wäre das für eine Liebe, die man erst beweisen müsste?!

Die Art und Weise des Daseins ist beim Wasserstoffatom, bei der Freundschaft oder der Luft wohl etwas total anderes. So wie Du die Buchstaben auf dieser Seite siehst, vermagst du jedoch das Gewissen nicht zu sehen usw.

Kommst Du noch mit?

Wir müssen also zugeben, dass es so manches auf dieser Welt gibt, was es auf sehr verschiedene Weise „gibt". Während das eine, weil materiell, unseren Sinnen direkt zugänglich ist, halten wir zugleich so immaterielle „Dinge" wie die Liebe, das Gewissen, die Treue usw. normalerweise auch für ganz real. Bei Nordpol oder Äquator kann man sogar von rein gedachten Angelegenheiten sprechen. Würden wir nämlich nach Afrika reisen und mittels der Landkarte den Äquator suchen, fänden wir absolut nichts. Bestenfalls irgendwo eine Bronzetafel mit der Aufschrift: „Sie stehen jetzt direkt auf dem Äquator!" So kann es einem ergehen.

Bei noch genauerem Hinsehen würden wir schließlich feststellen, dass die Übergänge zwischen „materiell" und „geistig" ziemlich fließend sind. Davon wissen beispielsweise die Atomphysiker ein Lied zu singen. Doch das will ich hier nicht weiter ausführen.

Was hast du übrigens bei der Nr. 10 angekreuzt? Wonach hast Du das entschieden? Welche Begründung hast Du für Deine Antwort?

Ich begnüge mich an dieser Stelle mit den Rückfragen, da wir auf dieses Thema noch zu sprechen kommen werden.

Wenn wir unsere Überlegungen zu den unterschiedlichen Erkenntniswegen abschließend ein wenig sortieren und uns das Ergebnis nochmals vor Augen halten, dann könnte man es so gliedern, wie ich es hier versucht habe:

Wirklich ist ...
1. was ich unmittelbar mit meinen Sinnen wahrnehme,
2. was ich mittelbar durch Instrumente wahrnehmen kann,
3. was mir durch andere überliefert wird,
4. was ich durch Einfühlen und Nachdenken erkennen kann,
5. was ich auf die Dauer durch meine Lebenspraxis erfahre.

Wenn Dir noch nicht ganz die Luft ausgegangen ist, kannst Du ja die einzelnen Positionen von vorhin diesen fünf Ebenen zuordnen.

Hier zeigt sich nun, wie kurzsichtig es ist, wenn man „nur glaubt, was man sieht". Denn Sehen und Sehen ist offenbar nicht dasselbe. Wer stets auf handfeste Beweise pocht und im selben Augenblick meint, das ganze Kapitel „Religion" damit vom Tisch zu fegen, der kann kaum als besonders gescheit und logisch gelten. Er manövriert sich vielmehr selber in die Sackgasse. Und die kann nicht das Ziel sein.

Was Dir dieser zweite Anlauf zeigen sollte, lässt sich vielleicht auf diesen Nenner bringen: Von den Dingen dieser Welt, der Wirklichkeit, der Realität (oder wie Du sonst sagen willst) zu reden, ist recht vielschichtig. Die beweiskräftigen Resultate der Naturwissenschaften sind nur ein Ast am großen Baum der Erkenntnis.

Es gibt Fragen, die auf solchem Weg nicht zu beantworten sind. Und es gibt Situationen und Probleme, die sich mit wissenschaftlichen Methoden nicht bewältigen lassen. Immer wenn es an die Substanz unseres Lebens geht, um Themen wie Freiheit, Gerechtigkeit, Liebe, Glück, Schuld, Sinn, Leid, Tod usw., müssen wir auf anderen Ästen des Baumes entlangklettern, um Antworten zu finden. Da muss auch jeder selber ran.

Denn was ich mir auf diese Lebensfragen als Antworten zurechtlege, das soll ja auch wirklich eine brauchbare Antwort sein, zumindest für mich.

Ob andere beim Suchen auf den gleichen Trichter gekommen sind oder gar einen besseren gefunden haben, kann nur ein Gespräch zeigen. Dann heißt es zuhören, argumentieren und offen sein für völlig andere Erfahrungen und Einsichten.

Genau dort, wo es ans „Eingemachte" geht, um das, was Leben eigentlich sein soll, wo es um den richtigen Weg und ein für alle erstrebenswertes Ziel geht, da spielt sich das ab, was ich Religion nenne. Von Gott, Jesus, der Bibel oder anderen Stichworten aus dieser Schublade muss hierbei noch gar nicht gesprochen werden. Die stehen alle auf einem anderen Blatt, obwohl das, was damit gemeint ist, hier letztlich auch schon drinsteckt. Aber dazu später.
Darum bin ich auch davon überzeugt, dass am Ende niemand darum herumkommt, sich solchen Fragen einmal zu stellen. Dass man sich dabei dann auch mit den Inhalten der christlichen Religion auseinandersetzt, ist fast unvermeidlich. Hier fängt die eigentliche Diskussion über den Glauben ja erst an.

Kapitel II:
Gesucht: Unbeschreiblich

Mit diesem Kapitel, das will ich gleich gestehen, tue ich mich recht schwer. Entsprechend ratlos sitze ich hier und weiß nicht, wie und womit ich anfangen soll. Die Überschrift scheint mir die Lage einigermaßen treffend wiederzugeben. Es geht nämlich um das dickste Päckchen aus der Religionskiste, um das mit der Aufschrift „Gott".

Jetzt, wo für Dich das Stichwort gefallen ist, wüsste ich ganz gerne, was in Deinem Kopf oder in Deinem Bauch vorgeht. Was verbindest Du mit dem Wort „Gott"? Hat sich Deine Vorstellung über „Gott" seit Deinen Kindertagen verändert?

Die Tatsache, dass (nicht nur) für viele Deiner Altersgenossen das Wort „Gott" durch schlechte Erfahrungen im Elternhaus, im Religionsunterricht oder mit irgendwelchen Kirchenleuten leider so in Verruf gekommen ist, macht das Reden über dieses Herzstück aller Religionen immer wieder zu einem Drahtseilakt. Damit aber allen, denen man Gott auf irgendeine höchst unpädagogische und unchristliche Art und Weise unglaubwürdig gemacht und dadurch quasi ausgetrieben hat, nicht noch mehr Hören und Sehen vergeht, will ich ganz behutsam vorgehen. Sofern Du allerdings für Dich einen Weg zum Gottesglauben gefunden hast, mögen die folgenden Seiten ein wenig mehr Begründungshilfe oder Bestätigung sein.

Dreierlei will ich gleich zu Beginn klarstellen:
1. Einen Beweis für die Existenz Gottes kann und will ich hier nicht vorlegen. Das schafft niemand.
2. Wer, was und wie Gott ist, kann ich auch nicht auf den Punkt bringen. Dazu etwas zu sagen, ist nur auf der Ebene des Glaubens möglich, die eventuell besondere Gotteserfahrungen einschließt.
3. Folglich liegt mir auch nicht daran, den Zweifler zu bekehren - oder dem Gläubigen nach dem Munde zu reden.

Wichtig ist mir ein Stück Denk-Arbeit in dieser Sache. Denn auch der Glaube an Gott soll ja nicht jenseits oder gar gegen alle Vernunft sein. Wer beim Glauben sein Gehirn abschaltet, ist auf dem falschen Weg.

Wenn es nun aber keinen Beweis gibt und auch keine wirklich genauen Aussagen über Gott, so wirst Du jetzt fragen, was gibt es dann überhaupt noch zu reden? Du hast völlig Recht. Das sieht nach einem echten Dilemma aus. Und das ist es auch zum Teil. Doch das ist der Preis dafür, wenn man das Thema Gott ein paar Takte bescheidener angeht.

Über Gott tatsächlich nichts Genaues wissen und sagen zu können, war bereits den christlichen Theologen des Altertums ein Problem. Sie wussten aber auch, dass sie trotz dieses beschämenden Nichtwissens nicht einfach nur noch schweigen durften. Der Gottesglaube lebt nämlich entscheidend davon, überhaupt zur Sprache zu kommen und davon, dass Menschen sich mit der Idee „Gott" auch öffentlich auseinandersetzen. Das bedeutet vor allem: Argumente - pro und contra - zur Kenntnis nehmen und diskutieren, eigene wie fremde Erfahrungen und Einsichten gelten zu lassen, sie stets erneut auch gemeinsam zu überdenken, sowie für neue eigene Erfahrungen offen zu sein.

Warum wir uns überhaupt damit beschäftigen sollen, da es doch offensichtlich so ein windiges Thema ist? Lass es mich so sagen: Ich denke, wir können gar nicht anders. Denn von Gott reden heißt, davon reden, was es mit diesem Leben und dieser Welt letztlich auf sich hat. Es geht, auch wenn es ziemlich pathetisch klingt, um das grundsätzliche Woher, Wohin und Wozu, um einen Sinn und Bezugspunkt für alle und alles. Wie gesagt, das sind erstmal große Worte, die wir so weit wie möglich runterholen müssen in die Niederungen unseres Alltags. Was an ihnen dran ist, kann sich realistisch ja nur dort zeigen.

Und wenn Gott, und damit der gesamte christliche Glaube, nichts mit unseren wirklichen Fragen, Nöten, Sorgen, Sehnsüchten und Hoffnungen zu tun hat, dann können wir das Thema getrost abhaken. Dann erübrigt sich die ganze Religion. Dann war aber auch nicht der Gott gemeint, von dem die Bibel erzählt, wie ihn Jesus verkündet hat und wie ich ihn verstehe.

(Anmerkung: Wenn ich „ihn" sage, unterstelle ich nicht automatisch, Gott sei männlich. Da unsere Sprache jedoch nur wenig Auswahl lässt, darf ich sicher die eine Ausdrucksform wählen, ohne die anderen damit für falsch zu halten.)

Wenn es also gute Gründe gibt, gegen Gott zu sein, nicht an ihn glauben zu wollen bzw. zu können oder seine Existenz rundherum in Zweifel zu ziehen, dann liegt das wahrscheinlich an einer ganz bestimmten Gottesvorstellung. Wenn zum Beispiel kleinen Kindern schon früh ein Gott nahegebracht wird, der „alles sieht" und der „ganz traurig" wird, wenn man mal wieder was angestellt hat, bleibt später dem Heranwachsenden eigentlich nur die radikale Ablehnung eines solchen Gottes übrig.

Ansonsten wird dieser Mensch ständig jenes eingeimpfte „Über-Ich" im Nacken sitzen haben, diesen Polizisten-, Buchhalter- und Rachegott, dessen wachsames Auge ihm überall hin folgt. Das ist nicht Gott, es ist ein langsam tötendes Gift für die Seele.
„Die kleinen Sünden bestraft der liebe Gott sofort!" - das ist einer der schlimmsten, dümmsten und unchristlichsten Sätze, die man über Gott sagen kann, der aber leider noch viel zu oft zu hören ist.
Diese und ähnliche Sätze bilden aber bei vielen Erwachsenen (unbewusst?) den Grundstock dessen, was sie über Gott zu sagen wissen - und dann ebenso unbedacht an die Kinder weitergeben.

Zum Problem werden Gottesvorstellungen immer dann, wenn sie nicht mehr als Vorstellungen, als Produkte menschlicher Phantasie, als Resultate unserer Erfahrung und Sprache wahrgenommen werden.

Wenn sie keinen Nachsatz mehr kennen wie „So stelle *ich* mir Gott vor" oder „So denke *ich* darüber", sondern - ob ausgesprochen oder nicht - als definitive Wahrheit hingestellt werden, über die es keine weitere Diskussion mehr geben kann.

In diesem Moment wird dann schon die gesamte Motivation abgewürgt, das Thema Gott irgendwie noch einmal anzufassen. Alle Freiheit zu eigenen Gedanken und Gefühlen, alle Lust am ungehinderten Nachdenken und Entdecken sind so mit einem Schlag unmöglich gemacht. Das muss nicht sein. Ich behaupte: Sogar das Gegenteil ist gefordert, wenn es um Gott geht!

Vielleicht lässt sich Gott also - ganz anders als bisher gedacht und erwartet - in den kleinen Dingen unseres Alltagslebens aufspüren. Das bedarf jedoch einer anderen Sicht und eventuell einiger Korrekturen auf dem bisherigen Denk-Weg. Wir werden sehen. Jedenfalls wünsche ich Dir, dass das Thema Gott für Dich etwas „normaler" und „realistischer" wird - und zugleich ein Stück geheimnisvoller. Geheimnisse nämlich machen unser Leben spannend. Und Gott ist für mich das größte Geheimnis, das wir mit uns herumtragen.

1. Wie soll das zusammenpassen?

Der größte Stein des Anstoßes am Gottesglauben ist für viele Menschen die Erfahrung des Leidens. „Wenn ich mir abends die Tagesschau ansehe, wie soll ich da noch an Gott glauben können!", „Wie kann Gott das alles zulassen? Wenn es ihn gibt, müsste er doch eingreifen!". Wie kann es zu Auschwitz, Hiroshima usw. kommen, wenn es einen Gott gibt? Warum all das unsägliche Leid, die bodenlosen Ungerechtigkeiten, die enttäuschten Hoffnungen und die ungezählten Opfer?
Auf diese Fragen kann kein Mensch eine allseits befriedigende Antwort geben, auch der frömmste nicht.

Dass diese Leiderfahrungen überhaupt zum „Fels des Atheismus" (Georg Büchner) werden, liegt aber vor allem daran, dass Gott die Eigenschaften „lieb, gütig, barmherzig, allmächtig, allwissend, allgegenwärtig" usw. zugeschrieben werden. Diese Gottesvorstellung bringt nun aber zwangsläufig das Fass zum überlaufen.
Ein gütiger und allmächtiger Gott kann angesichts menschlichen und auch tierischen Leidens wohl nur noch als Sadist verstanden werden, sofern er eben helfen könnte und es nicht tut. Oder?

Wer ist „schuld"? Exakt an diesem Punkt liegt jedoch der sachliche Knoten, der sich nur „lösen" lässt, wenn wir uns die gedanklichen Voraussetzungen dieses Gegenargumentes etwas genauer vor Augen führen.
Hier werden nämlich mit der schmerzlichen und unbezweifelbaren Erfahrung des Leidens in vielen Köpfen (ohne es zu merken) gleich zwei Ideen zwecks Interpretation dieser Erfahrung verknüpft.

Erstens: Die Ursachen für all das Leid auf dieser Welt übersteigen die menschlichen Möglichkeiten, also sind übernatürliche Mächte mit im Spiel, für die zuletzt wieder Gott zuständig ist bzw. dafür gehalten wird.
So wird unser Schicksal - und das soll dieser Begriff ja genauso zum Ausdruck bringen - unmittelbar mit Gott in Verbindung gebracht.

Er schickt, was uns geschieht. Irgendwie müssen wir schließlich einen Absender finden, den wir für das Geschehen verantwortlich machen können. Müssten wir andernfalls nicht völlig verzweifeln angesichts von so viel widersinnigem, absurdem Leid, das dann ohne jeden Sinn bleibt?

Zweitens wird diese Leiderfahrung nicht nur grundsätzlich mit Gott in Verbindung gebracht, sondern mit einem besonderen Gott, einer sehr spezifischen Vorstellung von Gott: dem lieben, gerechten, allmächtigen usw.
An einen solchen Gott zu glauben, verstärkt nur noch den bitteren Beigeschmack jeder Leiderfahrung. Da muss es nicht verwundern, wenn immer mehr Menschen sich von diesem kirchlich verkündeten Gott verabschieden.
Glaube und Alltagsleben können unter so widersprüchlichen Vorzeichen beim besten Willen nicht mehr miteinander in Einklang gebracht werden. An diesem Denkmuster darf sicherlich in nochmals doppelter Hinsicht Kritik geübt werden.

Einerseits gilt bei vielen Unglücksfällen, dass sie schlichtweg nichts mit Gott zu tun haben. Kriege, Attentate, Verkehrsunfälle usw. sind und bleiben Menschenwerk. Natürlich liegt nicht in jedem Fall ein absichtliches Handeln vor. Der Autofahrer wollte das Kind nicht überfahren; er konnte nur nicht mehr rechtzeitig bremsen, als es so plötzlich auf die Fahrbahn lief. Manchmal sind es ebenso vertrackte Situationen, die zu einem tödlichen Unglück führen und einen Beteiligten zum Täter machen, zum unbeabsichtigt Schuldigen.

Manches Leid hat auch mehr mit sogenannten strukturellen Gründen zu tun. Für das weltweit zunehmende Elend der Kleinbauern und Landarbeiter zum Beispiel sind weithin die von den Industriestaaten festgelegen Handelsbedingungen verantwortlich. Diese übergreifenden Strukturen des Welthandels sorgen mittelbar dafür, dass die Arbeit eines Kleinbauern laufend schlechter bezahlt wird, er mit seiner Familie in die nächste Großstadt abwandern muss, sein Sohn beim „Organisieren" des Nötigsten mit der Zeit zum Kriminellen wird, seine Tochter sich und die Familie durch Prostitution über Wasser halten muss...

Aber welche Einzelperson aus der Wohlstandswelt könnte mit Recht für das Leid dieser Familie verant-wortlich gemacht werden?

Du siehst, die Benennung von Ursachen und Tätern kann teilweise verflixt schwierig oder gar unmöglich werden. Obwohl das logischerweise nichts und niemanden, der darin verstrickt ist, entschuldigen kann.

Zuletzt müssen wir auch einräumen, dass für bestimmte Leidumstände niemand wirklich „schuldig" gesprochen werden kann: Erdbeben, Vulkanausbrüche, Über-schwemmungen, Stürme, Blitzeinschläge und anderes haben keine Zielrichtung, sie schädigen blind.

Da also bei derartigen Vorkommnissen kein „Jemand" im Hintergrund steht, kann man leider auch niemanden anklagen, anschreien oder verfluchen.

Fazit: Der wohl größte Teil allen Leides wird durch uns Menschen verursacht. Gott steht als möglicher „Absender" gar nicht zur Debatte. Es ist daher meistens falsch zu fragen, warum Gott bei diesem Elend oder jener Katastrophe tatenlos zuschaut und die Menschen leiden lässt! Vielfach muss die Frage ganz realistisch und provozierend lauten: Warum lassen *wir* das alles zu?

Ob Gott damit völlig „aus dem Schneider" ist, lasse ich jetzt mal dahingestellt. Die Überlegung, wie Gott zu den Ereignissen dieser Welt steht, was er letztlich damit zu schaffen hat, enthält mehr theologischen Sprengstoff als auf Anhieb zu vermuten ist.

Ein anderer Kritikpunkt bezieht sich auf die detailliert festgeschriebenen Eigenschaften Gottes. Es handelt sich dabei immer um Menschenworte, die ein Gegenüber zu beschreiben versuchen, dass so sicher und so genau nicht zu beschreiben ist.

Allzu viel allzu genau über Gott zu „wissen", hat in der Religionsgeschichte bekannter-maßen die Menschen auf ziemlich gottlose Wege gelockt, die weder mit wirklicher Religion, noch mit einem Glauben zu tun hatten, der diesen Namen verdient.

Was da hochgehalten wurde, muss eher als ein selbstgezimmertes Götzenbild bezeichnet werden. Intoleranz, Verfolgung und Scheiterhaufen wachsen verteufelt gut auf solchem Boden.

Ähnliches geschieht allerdings mindestens ebenso oft und unbemerkt im rein zwischenmenschlichen Bereich. Je näher Dir ein anderer Mensch steht, je enger Du mit ihm zusammenlebst, desto „fester" wird mit der Zeit das Bild, das Du Dir von ihm machst. Schließlich kennst Du ihn ja recht genau. Denkst Du zumindest. Eben daran liegt es.

Jeder von uns hat doch auch ein Recht, sich ändern zu dürfen, sich weiter zu entwickeln. Das wird aber umso schwieriger, je spürbarer andere uns auf ein bestimmtes Rollenbild festlegen bzw. wir uns solchen Rollenerwartungen allmählich anpassen.

So werden eventuell wichtige Schritte zur Reifung und Entfaltung verhindert. Seien wir ehrlich, wir alle haben ein Leben lang mit derartigen Erwartungshaltungen zu kämpfen, mit den Rollen, die wir spielen sollen oder auch wollen. - Oder wie ist das bei Dir?

Kannst Du Dir nun ahnungsweise vorstellen, welche unseligen Knoten im Gehirn durch solche festgerosteten Bilder entstehen können? Das gilt unter uns Menschen in gleicher Weise wie im Blick auf Gott. Er hat's nicht gerade leicht mit uns - und wir nicht mit ihm.

Alle geäußerte Kritik an den Gottesvorstellungen bzw. Gottesbildern darf nun aber nicht zu dem Schluss führen, bildliche Phantasien folglich besser ganz sein zu lassen, sie als dumm und gefährlich einzustufen oder sie gar (auch bei sich selbst) zu verbieten.

Wir Menschen neigen dazu, das Unsichtbare sichtbar und das Unbegreifbare wenigstens ansatzweise verstehbar zu machen. Von einem Gott zu reden, der unsichtbar, aber dennoch irgendwie „da" sein soll, verführt geradezu unsere Einbildungskraft zum „Ausmalen" dieser alle und alles umfassenden Wirklichkeit, genannt Gott.

Die Kunstgeschichte quillt über von Versuchen dieser Art, und das nicht nur bezüglich religiöser Motive. Hat sie jemals etwas anderes darzustellen sich bemüht, als genau das in Bildern, Skulpturen usw. auszudrücken, was sich anders sonst gar nicht zeigen lässt?

Eine Nummer kleiner: Jedes in eine Baumrinde geschnitzte Herz mit Initialen, jeder Kuss, jedes Geschenk, jedes gute Wort wollen Ausdruck für das sein, was zwischen den Beteiligten „da" ist und wirkt, nämlich Liebe, Freundschaft, Zuneigung.

Auf welchem Wege könnte das Eigentliche, was nun mal wirklich, aber eben als solches unsichtbar ist, denn sonst deutlich und sinnlich erfahrbar gemacht werden? Ich kenne keinen anderen Weg als den über Zeichen und Symbole.

Das gilt ebenso in Sachen Gott. Ohne bildliche Tastübungen bleibt jede Rede von Gott eine blutleere Abstraktion. Erst unsere Phantasie bringt ihn ein Stückchen näher, hält die Idee Gott am Leben und macht den Glauben etwas farbiger und sinnlicher.

Aber wenn die Ausmalungen nicht mehr nur als subjektive Bilder, als stammelndes Bemühen angesehen werden, etwas Unfassbares ein bisschen „anschaulich" werden zu lassen, heißt es aufpassen. Dieses Warnschild nicht zu übersehen ist eigentlich sogar beste biblische Tradition. Aber darauf komme ich gleich noch zurück.

Lass mich die vorangegangenen Überlegungen zum Verhältnis von Leiderfahrung und Gottesbild noch mal kurz auf den Punkt bringen:

Von einem so exklusiv positiven und festgefügten Gottesbild auszugehen, das den teils grausamen Realitäten des Lebens nicht standhält, so dass man an einem derart konstruierten Gott letztlich nur verzweifeln kann, ist gewiss nicht der richtige Weg. Mir scheint hier eine Umkehr der Perspektive nötig und hilfreich.

Ausgangspunkt bleibt auf jeden Fall die konkrete Lebens- und Leiderfahrung, mit der wir zurechtkommen müssen, aber eben nicht der Glaube an Gott bzw. ein bestimmtes Gottesbild.

Bei dieser Ausgangslage stellt sich dann zwangsläufig die Frage, wie wir mit den stets wiederkehrenden Leiderfahrungen „fertig" werden können, was uns hilft, uns Mut und Kraft gibt, um besonders gegen die Ursachen des vermeidbaren Leids anzukämpfen.

Kann es von daher gesehen nicht ein motivierender Gedanke sein, dass es mit dem, wie wir die Welt faktisch erleben, noch nicht getan ist, dass es darüber hinaus ein „Mehr" gibt, wo alles irgendwann einmal zu einem guten Ende finden kann?

Kann es nicht ein kraftspendender Trost und ein ermutigender Glaube sein an ein solches „Mehr", an Gott zu glauben, woraus Menschen immer neu das Fünkchen Hoffnung ziehen, um den Schattenseiten des Lebens das notwendige „Trotzdem" entgegensetzen zu können? Lohnt es nicht, daran zu glauben oder es wenigstens ständig neu zu versuchen?

Was meinst Du? Was hilft Dir, wenn es Dir dreckig geht, wenn Du traurig und alleine bist?

Sicher ist es gut, wenn dann die Familie oder ein guter Freund zur Stelle ist, um Dich wieder aufzupäppeln. Aber woher nehmen sie ihrerseits die Kraft und Motivation zur Mitmenschlichkeit? Freundschaft oder Verwandtschaft sind gewiss triftige Gründe. Doch reichen sie auf Dauer aus und auch dann, wenn wirklich Opfer zu bringen sind an Zeit, Geduld oder Geld? Müsste nicht noch etwas dazukommen, die Grundüberzeugung, dass es sich überhaupt „lohnt", gut zu sein, der Glaube, dass das

Leben insgesamt einen Sinn hat oder bekommt und dadurch jedes Engagement für Frieden, Gerechtigkeit und die Bewahrung der Schöpfung von bleibendem Wert ist?

Du merkst sicher schon, wie groß die Bedeutung der Spielkarte „Hoffnung" wird. Und das aus gutem Grund. Versuche einmal selbst zu formulieren, was Du für Dich und uns alle in der Zukunft erhoffst! - Woher nimmst Du den Grund für diese Hoffnung?
Auf welche „Spielkarten" setzt Du dabei: die eigenen Talente, das Glück, den Zufall, den wissenschaftlichen Fortschritt oder den reichen Onkel?
Es ist schon spannend, bei sich selber gelegentlich ein wenig nachzugraben!

2. Eins zu tausend

Vorhin habe ich schon angedeutet, es sei sogar gute biblische Sitte, von Gott ganz bewusst in einer Vielzahl von Bildern zu erzählen, um diesen Glauben offen und lebendig zu erhalten. Das ist so ähnlich wie bei einem echten Kunstwerk. Es gibt zum Beispiel Bilder, die locken zwar im ersten Moment das Auge an, üben eine gewisse Faszination aus, sie sind jedoch nach kurzer Zeit „leergeschaut". Verstehst Du was ich meine?

Als Junge etwa, da schmückte ich mein Zimmer mit mehreren Postern, die rassige Rennwagen, einen romantisch-kitschigen Sonnenuntergang am Meer und ähnliche Motive zeigten. So toll ich sie zu Beginn fand, so reizlos wurden sie mit der Zeit. Meine Phantasie wurde von ihnen nicht mehr angeregt, nicht mehr herausgefordert. Was es auf diesen Postern zu sehen gab, hatte ich gesehen. Ihr Reiz war verflogen. So flogen in der Folge schließlich auch die Rennwagen und Sonnenuntergänge von der Wand. Neues Seh-Futter war gefragt.

Später fand ich neue und aufregendere Objekte, an denen mein Auge und meine Phantasie hängen blieben. Je mehr mich ein Kunstwerk gleich erahnen ließ, es gäbe bei jedem weiteren Hinsehen noch mehr zu sehen als auf den ersten Blick, desto mehr war meine Entdeckerlust angestachelt z.B. bei Gemälden von Salvador Dali, Zeichnungen von Raffael, Leonardo oder Escher, Fresken von Michelangelo, Skulpturen von Rodin und vielen anderen mehr. Auch mit der Musik sind solche Erfahrungen möglich. Seien es klassische Symphonien oder Werke der neueren Rock- und Popmusik. Dazu fallen Dir selber wahrscheinlich genügend Beispiele ein.

Das Erstaunliche an diesen Kunstwerken ist ja, dass man sie nicht so schnell „satt" hat, sich so ein Bild oder Musikstück zum hundertsten Male zu Gemüte führen kann - und doch ist noch nicht alles gesehen und gehört, was drinsteckt. Oft werden ja in einem selbst je nach Situation irgendwelche ganz neuen Gedanken, Erinnerungen oder Gefühle wachgerufen.

Darüber lässt sich immer wieder neu staunen. Es mag wesentlich damit zusammenhängen, dass wir selbst jeweils inzwischen andere geworden sind. Wir verändern uns dauernd, entwickeln uns fort, lernen und erfahren ständig etwas hinzu. Und so bin ich nach Jahren eben nicht mehr der Zuschauer oder Hörer, der ich einmal war. Mein Sehen ist unterdessen ein anderes geworden, weil ich ein anderer geworden bin. Meine Interessen und Wertschätzungen sind nicht mehr unbedingt die gleichen. Daher kann ich plötzlich in einem Bild, einer Statue, einem Gedicht, einem Film usw. etwas „sehen", das mir vorher gar nicht aufgefallen ist, ja was mir als dem, der ich damals war, gar nicht auffallen konnte. Ich hatte noch keinen Blick dafür, wie man so sagt. Jeder sieht das, was er sehen kann, weil er so ist, wie er ist.

Aber schon die vergleichende Erfahrung der völlig verschiedenen Sehweisen im Wechsel meiner eigenen Lebensphasen zeigt mir, wie relativ das alles ist, was ich jetzt sehen, denken und fühlen kann.

Trotzdem hat es für mich zu diesem Zeitpunkt volle Gültigkeit. Diese Einsicht hat mich gelehrt, ein bisschen mehr Geduld mit mir selbst zu haben und etwas toleranter zu werden gegenüber den manchmal so fremdartig anderen Sichtweisen meiner Mitmenschen. Erst das Zusammenspiel der Perspektiven würzt unser Leben und hilft uns einen Schritt weiter, das Ganze zu sehen.

Hinsichtlich des Redens von Gott kann man auch die Bibel mal unter diesem Aspekt durchforsten. Was dabei herauskommt, ist für die meisten Leute eine echte Überraschung, weil sie mit diesem Buch vollkommen andere Bilder verbinden.
Wie ist das bei Dir? Welche Stichworte, Namen, Geschichten usw. fallen Dir beim Stichwort „Bibel" ein? Und, da wir gerade beim Thema sind, was hast Du je darüber gehört, gelernt oder gelesen, wie in der Bibel von Gott gesprochen wird? Welchen Nachgeschmack hat das alles bei Dir hinterlassen? Woher kommt das?

Egal, ob Deine eigene Bilanz nun eher positiv oder eher negativ ausfällt, was von den biblischen Geschichten auf Dauer hängenbleibt, was uns irgendwie beeindruckt, uns sogar nachhaltig beeinflusst, ist in der Regel davon bestimmt, wie wir dieses Buch kennengelernt haben. Sofern dieses Kennenlernen mit Spiel und Spannung zu tun hatte, ist sicher mehr „rübergekommen", als wenn es nur trockener Lehrstoff im Rahmen von Schul-, Firm- oder Konfirmationsunterricht war.

Wer Letzteres durchgemacht hat, ist vielfach für den Rest seines Lebens entweder massiv bibelgeschädigt oder hat zumindest den Eindruck, in dieser Sache ein für alle Mal genug gelernt zu haben.

Das ist sehr schade, denn die Bibel verdient gewiss ein anderes Ansehen, als für langweilig, verstaubt und weltfremd gehalten zu werden.
Sie ist nicht nur das Buch, das unsere Kultur entscheidend mitgeprägt hat, auch ist ohne sie die gesamte abendländische Literatur-, Kunst- und Rechtsgeschichte kaum denkbar; ebenso wenig wie die Entwicklung der modernen Wissenschaften und auch viele politische Zusammenhänge.

Die eigentümliche Wirkung, die von der Bibel ausging und die bis in unsere Tage hinein ungebrochen ist, springt einem aber nicht so unmittelbar ins Auge, wenn man ihre Seiten aufschlägt. Damit sie einem etwas „geben" kann, verlangt sie auch etwas: ein offenes Ohr, ein offenes Herz und die Bereitschaft, ihr ein Stückchen entgegen zu kommen. Das meint einerseits das Interesse an den Hintergründen von Geschichte, Sprache und Kultur, zum anderen ein intensives abhorchen ihrer Geschichten, ein Sich-Hineindenken und -Hineinfühlen, das erst ein Lesen „zwischen den Zeilen" ermöglicht. Dort steht nämlich oft das, worauf es ankommt.
Doch zurück zu unserer Suche nach dem Gott der Bibel. Was ich Dir dazu zeigen möchte, will ich nun aber nicht bloß in ein paar Sätzen hier auflisten. Wenigstens beim ersten der beiden Beispiele kannst Du selber mitwirken.

Dafür brauchst Du eine Bibel (wenn möglich die sogenannte „Einheitsübersetzung") und einen Stift. Falls Du also gerne selber etwas herausfinden möchtest, nimm Dir einen Moment Zeit und schlage die folgenden Bibelstellen nach und notiere Dir daneben, wie an diesen Stellen von Gott gesprochen wird. Lass Dich nicht entmutigen, wenn das Finden der Textstellen nicht sofort gelingt. Dieses Buch ist eine ganze Bibliothek, mit der man sich zuerst ein wenig vertraut machen muss, und das Herumblättern verlangt dann eben seine Zeit. Vielleicht findest Du dabei ja auch noch anderes...

Wie spricht die Bibel von Gott? Schlag einmal nach:
1) Deuteronomium 32,11
2) Psalm 91,4
3) Jesaja 49,15
4) Jesaja 66,13
5) Jeremia 2,13
6) Hosea 11,1-4
7) Hosea 13,4-8
8) Matthäus 23,37

Du wirst mir sicher zustimmen: Diese Gottesbilder sind etwas ungewohnt, entsprechen so gar nicht dem herkömmlichen Bild von der „Heiligen Schrift". Wenn ich mich nicht sehr irre, kommt es weitaus häufiger vor, dass wir dem biblischen Gott eher als Herr, Richter, Heerführer, Rächer, König, Schöpfer oder unter anderen männlichen Titeln begegnen. Dass uns diese Vorstellungen vertrauter sind, liegt daran, dass die jüdische sowie die spätere christliche Überlieferung vorwiegend in Männerhänden lagen. Männliches Denken, Fühlen und Handeln führte daher zu einer geschlechtlich einseitigen Färbung der Lesart biblischer Schriften.

Als unzulässige Einengung möglicher Sicht- und Redeweisen konnte das aber erst bewusst wahrgenommen werden, als eine wachsende Zahl von Frauen den Mut aufbrachte, die angelernte und verinnerlichte männliche „Brille" abzulegen und die Bibel nun mit den eigenen weiblichen Augen zu lesen.

Diese neue Lesart der alten Geschichten machte unter anderem klar, wieviel an weiblicher Perspektive und Lebensart in der Bibel bislang übersehen, unterschätzt oder sogar absichtlich verschwiegen worden waren. Nicht nur die Frauengestalten im Alten und Neuen Testament erschienen jetzt in einem anderen Licht, erst recht das gesamte Reden von Gott musste einer gründlichen Revision unterzogen werden.

Ein solcher Perspektiven-Wechsel, der nicht nur eine Nebensache des Glaubens betrifft, sondern das Herzstück selbst, geht natürlich nicht ohne Widerstände vor sich. Seit etwa der Mitte der Sechziger Jahre des letzten Jahrhunderts entwickelt sich im Christentum eine „Feministische Theologie", die die alte biblische Tradition unter Einbeziehung des anderen Geschlechts neu zu verstehen und zu vermitteln versucht. Das verlangt, und zwar nicht nur von den Männern, ein reichliches Maß an Umdenken und neuem Sehen dessen, was seit jeher doch klar und richtig zu sein schien.

Hier geschieht in der Theologie und der Kirche genau das, was ich vorhin über das Festrosten und Neuentdecken gewohnter Bilder angedeutet habe. Von Gott also exklusiv in männlichen Bildvergleichen zu reden, darf als einäugig und keineswegs „sachgerecht" gelten. Aber auch das Gegenteil kann nicht der Weisheit letzter Schluss sein.

Gott eine Frau? Sicherlich nicht. Denn es kann nicht sonderlich klug sein, von der einen Einseitigkeit in die andere zu verfallen. Alle Bilder von Gott sind und bleiben relativ, können den Gemeinten auch nicht entfernt „einfangen".
Gerade die über viele Jahrhunderte hinweg unhinterfragt als wahr angenommene Männlichkeit Gottes zeigt uns nachträglich, wie abhängig unsere Gottesbilder von unseren sehr menschlichen Gegebenheiten sind. Nicht nur das Geschlecht spielt dabei eine Rolle, ebenfalls die Hautfarbe, die Gesellschaftsform, die wirtschaftlichen Verhältnisse und anderes mehr.

Diese Bedingungen unseres Redens von Gott müssen wir uns immer wieder bewusst machen, um nicht an einem bestimmten Bild hängen zu bleiben, und dieses dann zur alleinigen Wahrheit zu erklären.

Das wäre nicht mehr Religion, sondern Ideologie, also eine Lehre, die als unfehlbar hingestellt wird. Jede Infragestellung dieser gepachteten Wahrheit muss gefährlich werden und hat schon manchen Kritiker den Kopf oder die Lehrerlaubnis gekostet.

Ich will es nochmals unterstreichen: An bildlichen Vorstellungen und Vergleichen führt kein Weg vorbei. Sie sind als solche nicht gottlos und verwerflich, sie sind vielmehr höchst menschlich. Das ängstliche oder verbohrte Festklammern an einer Sicht zerstört allerdings die inspirierende und befreiende Kraft, die von einer Vielfalt von Bildern ausgeht. Das berühmte Gleichnis von den Blinden und dem Elefanten gibt die Sachlage ziemlich treffend wieder:

In ein Dorf, in dem nur Blinde lebten, kam einst ein Fremder auf einem Elefanten. Keiner der Dorfbewohner kannte ein solches Tier, und so waren sie neugierig, es zu betasten. Einer umfasste ein Bein und sagte: „Der Elefant ist wie eine Säule!". Ein anderer erfasste den Rüssel und rief: „Der Elefant ist wie ein langer dicker Schlauch!". Der, der den Schwanz in Händen hielt, behauptete, der Elefant sei wie ein festes Seil. Allein der Fremde, weil er sehen konnte, lachte über die Blinden...

Natürlich hätten die Blinden die offenkundigen Widersprüche ihrer Aussagen über den Elefanten ganz einfach ausräumen können. Ein simpler Platztausch der Beteiligten brächte schon die Einsicht, dass die Behauptung des anderen fühlbar auch richtig ist. So hätten sie alle ihre Aussagen gegenseitig bestätigen können.

Doch wären sie trotzdem noch nicht viel weiter. Denn sämtliche sich scheinbar gegenseitig ausschließenden Beschreibungen des Elefanten sind an sich völlig korrekt.

Die Blinden haben also gleichzeitig alle Recht und Unrecht! Jeder erfasst wirklich einen Teil des Elefanten, aber eben nur einen Teil, hält aber seine Erkenntnis für die ganze Wahrheit. Keiner von ihnen verfügt jedoch über einen Gesamteindruck des Tieres. Selbst wenn sie ihn in aller Ruhe rundherum abtasten könnten, entspräche das Tastbild vor ihrem geistigen Auge noch lange nicht der Realität. Die Farbe des Tieres bliebe ihnen verborgen, erst recht der Charakter eines Elefanten.

Du merkst schon selber, wo die Parallelen liegen. Wir Menschen sind den Blinden mit ihren Tastversuchen verdächtig ähnlich.
Mit Offenheit und redlichem Bemühen erreichen wir im Denken und in der Erfahrung vielleicht den „Rockzipfel" Gottes - und könnten uns nun einbilden, Gott zu kennen. Es ist zwar Stückwerk, ein Eckchen nur vom großen Mosaik, dennoch bleibt es eine reale Erfahrung und ein vernünftiger Gedanke. Ein Rockzipfel ist zwar vergleichsweise nicht viel, aber er ist nicht zu verachten, denn ihn habe ich wenigstens. Und wenn wir unsere subjektiven und teils widersprüchlichen Erfahrungen und Ideen ergänzend nebeneinanderlegen, dann - finde ich - haben wir eigentlich schon recht viel, wenn man bedenkt, um was es geht. So viel zur Not und Notwendigkeit von Gottesbildern im Allgemeinen.

Auf eine ganz besondere Variante des Themas möchte ich jetzt noch zu sprechen kommen. Sie schließt an das an, was ich im vorigen Abschnitt über das Leid angedeutet habe. Ein warnendes Beispiel vor einem allzu festgefügten Gottesbild ist schon in der Bibel selbst durchbuchstabiert und gehört zu den herausragenden Texten der Weltliteratur. Es ist das Buch Jiob (oder: Hiob) im Alten Testament. Die Story vorab in sträflicher Kürze: Ein reicher und frommer Mann (Jiob) wird zum Gegenstand einer Wette zwischen Gott und dem Satan. Letzterer behauptet, Jiob sei nur deshalb ein gottesfürchtiger Mann, weil er im Wohlstand lebe und Gott seine schützende Hand über ihn halte. Gott lässt sich darauf ein, Jiob und seinen Glauben zu prüfen.

Satan dreht nun am Schicksal dieses Mannes, der Stück für Stück seinen Besitz verliert und zum Schluss nicht nur völlig verarmt dasteht, sondern er ist zudem auch schwer krank und voller Schmerzen. Niemand versteht, dass er trotzdem an seiner Frömmigkeit festhält.

Unter solchen Lebensbedingungen noch an einen guten Gott zu glauben, das scheint seiner Frau und den Freunden eher unverständlich. Doch Jiob ringt mit seinem Glauben, mit sich und mit Gott. Am Ende der Geschichte geht es ihm wieder gut.

Aber es ist kein Happy End im üblichen Sinne. Jiob hat sich verändert, ebenso wie sein Bild von Gott. Früher hatte er mit allen anderen geglaubt, Gott vergelte jedem Menschen nach seinen Taten, d. h. dem guten Menschen ergeht es auch gut, dem Sünder dagegen schlecht, weil er nicht den Weisungen Gottes folgt. Leid ist daher lediglich eine Strafe Gottes für eigene Vergehen. Jiobs Freunde halten ihm im Elend nun vor, er müsse also entsprechend schwer gesündigt haben, weil Gott ihm nun solche Übel aufbürde. Jiob ist sich jedoch keiner Schuld bewusst und verwirft diese Interpretation seines Schicksals und damit diese Gottesvorstellung. Vielmehr müsse man, so antwortet er, aus der Hand Gottes auch das annehmen, was einem nicht schmeckt, statt ihm nur für die Schokoladenseiten des Lebens dankbar zu sein.

Der Verfasser des Jiob-Buches liefert seinen Lesern letztlich auch keine alternative „Theorie" über Sinn und Ursache des Leids in der Welt. Jiob ist der Mensch, der gelernt hat, Gott „mehrdimensional" zu sehen, ihm nicht nur (weil es uns so passen könnte) die guten Seiten zubilligt, sondern auch Schattenseiten - wenn wir mal wieder diese sehr menschlichen Kategorien heranziehen. Für Jiob ist Gott immer mehr zu dem geworden, den er lediglich als das größere Gegenüber annehmen kann, das er aber nie in seiner Eigenart begreifen wird. Trotz aller Unbegreiflichkeit sieht er allerdings genügend Grund, auf diesen Gott zu setzen, an ihm und in diesem Glauben einen tragenden Halt zu finden.

Ist das etwa keine Herausforderung!? Lies doch einmal selbst in einer stillen Stunde diese Seiten des Alten Testaments. Ich glaube, das tut niemand ohne Gewinn.

3. Die Innenseite der Außenseite

Am Beginn dieses Kapitels sagte ich Dir schon, wie schwer ich mich tue, in so geballter Form ausschließlich über Gott zu reden. Zum einen, weil es definitiv nicht viel zu wissen gibt und sich bestenfalls die Richtung eines vernünftigen Nachdenkens über ihn klarstellen lässt. Andererseits, weil ich selber mehr als hinreichend erfahren habe, wie überaus selbstverständlich und geradezu inflationär im kirchlichen Raum das Wort „Gott" im Munde geführt wird. Das erweckt zwangsläufig den Eindruck, als sei der Gemeinte ein langjähriger Freund, den man eben recht gut kennt und von dem man gern immer wieder eine Anekdote erzählt. Hier sind dann Zweifel und Unsicherheit unangebracht. Weiße Flecken auf der religiösen Landkarte: Fehlanzeige. Scheinbar.

Natürlich können wir um das Wort „Gott" nicht einfach einen Bogen machen. Doch wenn es quasi in jedem zweiten Satz vorkommt, ist die Gefahr sehr groß, dass es zur Leer-Formel wird. Es bezeichnet dann alles und nichts, weil es restlos zerredet und ausgelaugt wurde. Das ist so ähnlich, wie wenn Du Deinen schönsten und wertvollsten Teppich, um ihn stolz allen zu zeigen, mitten auf den Marktplatz legen würdest. Die anfängliche Freude und Bewunderung für das gute Stück ist bald dahin. Das Gewebe ist vom vielen Betreten abgenutzt, die Farben sind verblasst, die Schönheit ist nur noch Erinnerung. Schließlich wird er von niemandem mehr wahrgenommen und beachtet. Sag selbst, darf man sich dann noch über den Zustand des Teppichs beklagen?

Verstehst Du nun mein Unbehagen mit diesem Kapitel? Dennoch werde ich hier nicht einfach so aufhören, da ich davon überzeugt bin, Dir auf jeden Fall in der Sache noch ein paar Sätze schuldig zu sein. Das bezieht sich speziell auf die Grundlage des christlichen Redens von Gott. Für das Christentum gibt es nämlich einen zentralen Angelpunkt: Die Person des Jesus von Nazareth.

Dass hier eben nicht ein Buch (als maßgebende „Heilige Schrift") oder eine Lehre im Mittelpunkt stehen, sondern ein Mensch, verleiht dieser Religion schon einen besonderen Anspruch. Die Auseinandersetzung mit einer Lehrtradition ist eine Sache, die bewusste und herausfordernde Konfrontation mit einem konkreten Menschenleben, einem provozierend ungewöhnlichen Lebensmodell, ist etwas anderes. Zum wirklichen Verstehen reicht da der Kopf allein nicht aus. Es geht ums Ganze: meine gesamte Person mit Leib und Seele, um das, was ich mit meinem Leben anfange, sowie um ein gelingendes Miteinander, mit anderen, mit der Natur und mit Gott. Es klingt auf Anhieb vielleicht etwas eigenartig, aber es scheint mir notwendig hervorzuheben, dass das Christentum genaugenommen keine Lehre ist. Der christliche Glaube ist eine Lebenshaltung, der ständig neue Versuch einer Lebenspraxis, die sich an Jesus orientiert.

Wer dieser Jesus war und wieso er nach zweitausend Jahren für uns immer noch ein Maßstab von Menschlichkeit sein kann, lässt sich nur herausfinden, wenn man sich ein wenig ins Neue Testament hineinkniet. Da ich aber an dieser Stelle keinen diesbezüglichen Einführungskurs beginnen möchte, werde ich die wesentlichen Aspekte aus meiner Sicht so knapp wie möglich wiedergeben.

Was vor allem die vier Evangelien über Jesus erzählen, und was sich dort insbesondere zwischen den Zeilen lesen lässt, ergibt etwa folgendes Bild des Mannes aus Nazareth: Er war kein Macho, obwohl er in einer höchst männerzentrierten Gesellschaft aufwuchs. Vielmehr ist er über seine geschlechtliche Rolle als Mann hinausgewachsen und hatte zu Frauen ein auffällig unverkrampftes Verhältnis. Er unterlag, gerade als Mann, nicht der bis heute verbreiteten „Macher-Mentalität", die immer versucht, das Leben „in den Griff" zu kriegen, über alles und jeden Macht auszuüben. Vielmehr lebte er ganz bewusst im Hier und Heute, schätzte den Wein und das fröhliche Feiern, weil er aus einem tiefen Bewusstsein der Geborgenheit in Gott heraus lebte.

Er war kein Angepasster, der sich mit der ihn umgebenden Gesellschaft arrangiert, da die Welt nun mal so ist und „man als Einzelner sowieso nichts machen kann". Vielmehr lag er dauernd im Clinch mit konservativen Zeitgenossen, wenn es um gesellschaftliche, politische und speziell religiöse Erwartungen und Spielregeln ging. Er vertrat „unmögliche" Ansichten über Leute, mit denen man am besten nichts zu tun hat: Pennern, Prostituierten und Punks, ansteckend Kranken, Krüppeln und Kapitalisten.

Alle, die von der Mehrheit ausgestoßen bzw. untergebuttert wurden - dazu gehörten damals auch Frauen und Kinder - fanden in ihm einen Anwalt, erhielten ein tröstendes Wort und ein wenig Zuneigung, die ihnen von den anderen verweigert wurde. Jesus war außerdem kein einsamer Held, auch wenn dies die spätere Verehrung so nahezulegen scheint. Vielmehr lebte er mit Freunden und Freundinnen zusammen, zog mit ihnen durchs Land und legte besonderen Wert auf diese Gemeinschaft, die anders sein sollte als üblich.
Diese und noch andere Merkmale und Eigenheiten seiner Person bilden jedoch mehr die äußerliche Seite seines außerordentlichen Lebens. Was letztlich aber die Faszination des Nazareners ausmacht, bleibt uns schwer fassbar.

Er muss eine so ungewöhnliche Wirkung auf seine Mitmenschen gehabt haben, etwas in ihnen angesprochen und ausgelöst haben, was ihren tiefsten Wünschen und Sehnsüchten auf sonderliche Weise entsprach, so dass die Begegnung mit ihm für manche merkwürdig verändernd und heilsam war. Seine provozierend andere Lebensart passte auffällig zu dem, was er sagte. Er war ein Wanderprediger, der von Dorf zu Dorf zieht und den Menschen eine Botschaft bringt.
Er erzählte den Menschen Geschichten davon, worum es im Leben tatsächlich geht und warum die Welt leider so ist wie sie ist.

Seine „Vision" von einem guten Leben für alle, das nicht mehr bestimmt wird von Angst, Unterdrückung, Hass, Machtstreben, Hunger, Ausbeutung, Leistungsdruck usw. fasste er zusammen in dem Wort vom „Reich Gottes", das er in vielerlei Bildern und Gleichnissen umschrieb. Die konsequente Übereinstimmung zwischen dem, was er sagte und tat, begeisterte seine Zuhörer und Beobachter immer wieder neu, einzelne sogar so sehr, dass sie mit ihm gingen oder zumindest an ihrem Platz ein neues Leben wagten, weil er ihnen Mut gemacht und eine hoffnungsvolle Perspektive für die Zukunft gezeigt hatte.

Obwohl die öffentlichen Auftritte von Jesus insgesamt höchstens zwei bis drei Jahre gedauert haben dürften, veränderte sein Leben die Weltgeschichte wie kaum ein anderes Ereignis. Seine heilsame wie herausfordernde Erscheinung brachte viele Steine ins Rollen, Massen zum Jubeln und Einzelne ins Grübeln. An ihm mussten sich am Ende die Geister scheiden. Für die Gegner war er lediglich ein Scharlatan und Rebell, der die Leute gegen die allgemein akzeptierte Religion aufhetzte und sich sogar Dinge anmaßte, z. B. Sünden zu vergeben, die keinem Menschen zustehen, sondern Gott vorbehalten sind. Andere wiederum vermochten in ihm eine jener Prophetengestalten zu sehen, wie sie schon in früherer Zeit aufgetreten waren und die als Kritiker von Kirche und Gesellschaft in Erinnerung blieben.

Dann gab es welche - und mit ihnen begann die Ausbreitung des christlichen Glaubens -, die in diesem Mann aus Nazareth irgendwie Gott selber am Werke sahen. Sie waren der festen Überzeugung, den unsichtbaren und bislang unbegreiflichen Gott durch die Worte und Taten dieses Menschen auf eine unvergleichliche Weise ganz real erfahren zu haben.

Sie sprachen von einer „Offenbarung", davon, dass Gott Mensch geworden sei (!) und drückten ihren Glauben an dieses einmalige Geschehen ihrerseits in Bildern, Vergleichen und Begriffen aus, mit denen wir uns nach so langer Zeit etwas schwertun.

Begriffe wie „Erlöser", „Messias" oder „Sohn Gottes" sind unserer normalen Alltagssprache und Erfahrungswelt fremd und müssen erst „übersetzt" werden, damit sie uns etwas sagen. Der Gedanke, Gott sei in einem bestimmten Menschen auf besondere Weise „anwesend", war damals schon eine Ungeheuerlichkeit und hat an Brisanz bis in unsere Tage nichts verloren. Was das, wenn es denn wahr ist, alles für Auswirkungen hat, muss man sich erst einmal Schritt für Schritt durch den Kopf gehen lassen. Denn wenn es wahr ist, kann nichts bleiben, wie es war.

Jedenfalls ist das der Dreh- und Angelpunkt des ganzen christlichen Glaubens: die sogenannte „Menschwerdung Gottes". Wer und wie Gott ist, verdeutlicht sich für Christen, soweit sich das überhaupt in Worte fassen lässt, in der Person des Jesus aus Nazareth. Wer und wie Gott für ihn war, zeigte Jesus durch seine Lebenspraxis und in seinen Reden.

Für ihn ist Gott da, wo Menschen sich versöhnen, einander helfen und vergeben; wo das überwunden wird, was Menschen davon abhält, ihr Leben eigenständig und in Freiheit zu gestalten; wo das verwirklicht werden kann, was in uns steckt; wo Nöte und Sorgen gemeinsam getragen und bewältigt werden; wo die Würde jedes Menschen und das Lebensrecht aller Geschöpfe geachtet werden usw.
In dieser Perspektive bleibt Gott keine überweltliche und lebensferne Größe, die mit meinen und unseren Problemen nichts zu schaffen hat. Der Gott, den Jesus (im doppelten Sinn des Wortes) vertritt, ist einer, der in dieser Welt vorkommt, der dort erfahren werden kann, wo Liebe und Solidarität gelebt werden. Mit einem sprachlichen Vergleich könnte man sagen:
Gott wird von einem Hauptwort zu einem Tätigkeitswort! Deshalb „passiert" Gott auch nicht erst oder nur in großen Gesten und Liebestaten. Er ist immer schon da. In jedem netten Wort und jeder Freundlichkeit. Aber er geht nicht darin auf. Selbst wo das, was der christliche Glaube mit dem Wort Gott meint, ganz hautnah und handgreiflich wird, hebt sich dieses Geheimnis nicht auf.

Manchmal geht mir das mit denen, die mir am nächsten sind, ebenso.

Puh, bis hierher habe ich wieder eine Menge Worte gemacht, um Dir die Sache mit dem christlichen Gottesbild ansatzweise etwas näher zu bringen. Doch bleibt bei mir der Zweifel, ob das Gesagte auch so bei Dir ankommt, wie ich es meine. Schließlich ist die Sprache auch die Quelle aller Missverständnisse. Aus diesem Grunde setze ich darauf, dass die Worte ihre eigene Dynamik entwickeln können und dadurch vom Angedeuteten gerade das für Dich Wichtige und Passende hinübertragen. Auf dass also das Angekommene seinerseits wirksam werde!

4. Alles logo?

Bist Du gut in Mathematik? Das Spiel mit Zahlen, Zeichen und Formeln ist nun mal nicht jedermanns Sache. Aber selbst denen, die damit auf Kriegsfuß stehen, nötigt es einen gewissen Respekt ab. Immerhin ist das alles, daran gibt es keinen Zweifel, doch total logisch. Allgemein steht die Logik bei uns in hohem Ansehen. Wer will schon in seinem Denken und Handeln als unqualifiziert, weil unlogisch abgestempelt werden.

Folgerichtig und abstrakt denken zu können, gehört schließlich zu den Eigenschaften, die uns von den Tieren unterscheiden. Und obwohl wir zugleich auch genau wissen, dass man (logischerweise) mit Logik nicht alle Nüsse im Leben knacken kann, spannen wir sie immer wieder vor unseren Karren und versuchen mit ihr ein Problem zu lösen.
Diese „Verführung" gelang der Logik interessanterweise selbst dort, wo man sie am wenigsten vermutete: in der Religion.

Wenn logisches Denken ein wesentlicher Charakterzug des menschlichen Geistes ist, bleibt ein so weitreichendes Gebiet wie die Religion natürlich nicht davon unberührt. Im Gegenteil. Schon in der Antike waren die Hochform des Denksports, die Philosophie, und die Religion untrennbar ineinander verstrickt. Das kritische Nachdenken über das religiöse Leben, über Gott und Götter, hat sich erst später als eigene Disziplin daraus entwickelt. Man nannte es dann Theologie. Vor allem die Zweifler und die Gegner der Religion stellten den Gläubigen immer wieder Fragen nach der Wahrheit des Glaubens, nach vernünftigen Argumenten und erst recht nach logischen Gründen für die Existenz Gottes.

So massiv befragt und herausgefordert zu werden, war und ist für jeden Glaubenden eine echte Feuerprobe - und darum unverzichtbar. Es schützt einerseits den Glauben davor, in einen irrationalen Aberglauben abzurutschen, andererseits fördert das kritische Nachdenken über meinen Glauben die Möglichkeit eines vernünftigen Argumentierens. Dadurch vermag ich nicht nur dem, der zweifelt oder gar nicht glaubt, meinen Standpunkt ansatzweise zu erklären. Ich kann auch meinen Glauben, etwa gegenüber den Kindern, sachlicher vermitteln und guten Gewissens weitergeben.

Die Auseinandersetzung mit dem Glauben ist zudem auch kein Unternehmen für Einzelkämpfer. Sie wird erst da richtig fruchtbar, wo mehr als zwei Augen zu sehen versuchen. Das ständige Nachdenken ist und bleibt der beste Prüfstein einer jeden religiösen Überzeugung. Nur auf diesem Wege kann sie sich bewähren.

Spätestens hier sollten aber auch die gefährlichen Kurven auf diesem Denkweg angezeigt werden. Man kann sich dort nämlich genauso verfahren und im Graben landen wie sonst im Leben.

Das logische Erklären, das vernünftige Plausibelmachen, hat ebenfalls seine Grenzen. Diese nicht zu beachten, kann für die Religion fatale Folgen haben. Denn Glaube, der bloß an einer Kette logischer Gedanken hängt, ist keiner. Der Glaube hat seinen Platz im Lebensalltag. Dort aber geht es nun einmal nicht unbedingt logisch zu. Manchmal ist das Leben - und wer wollte das bestreiten - eher chaotisch und verrückt, aber nicht wirklich zu „verstehen". Die bunte Lebensvielfalt ist der eigentliche Acker, den der Glaube stets neu zu pflügen hat. Da ist das logische Denken zwar ein wichtiges Werkzeug, aber kein Allheilmittel. Die Gründe des Glaubens lassen sich mit dem Scheinwerfer der Vernunft nicht bis in den letzten Winkel ausleuchten. Mir scheint das auch gut so, denn Religion ist nicht Mathematik. Glaube, der nicht im Herzen wohnt, strahlt letztlich keine Wärme aus und überzeugt nicht.

Einige ganz spezielle Blüten aus dem Gesträuch der knochenharten Logik möchte ich Dir als letzten Baustein dieses Kapitels noch vorstellen. Gemeint sind die sogenannten „Gottesbeweise". Sie standen früher einmal hoch im Kurs, wirken inzwischen auf viele jedoch mehr wie die Ruinen eines ausgebrannten Hauses.

Dennoch haben sie noch heute eine gewisse Bedeutung als konsequente Denkwege in Richtung Gott. Die Bezeichnung „Gottesbeweise" ist sicher nicht sehr glücklich gewählt, denn einen endgültigen und zwingenden Beweis (im mathematischen oder naturwissenschaftlichen Sinne) vermögen sie natürlich nicht zu erbringen. Was wäre das am Ende auch für ein Gott, den man damit bewiesen hätte? Keineswegs der, den der Glaube meint. Und was gilt wem schon als Beweis? Übrigens versagt das Verfahren gleichermaßen bei der umgekehrten Absicht. Die Nicht-Existenz Gottes lässt sich ebenso wenig allgemein überzeugend nachweisen. Das Beweisenwollen führt also logischerweise (!) nicht weiter.

Als logische Denkversuche können diese „Gottesbeweise" aber durchaus in ihren Grenzen zeigen, dass der Glaube an die Existenz Gottes nicht unvernünftig ist und auch das Denken seinen Platz in der Religion hat.
Von diesen rationalen Wegen zu Gott will ich allerdings nur die wichtigsten kurz beschreiben. Sie ausführlicher darzustellen und zu diskutieren würde hier den Rahmen sprengen. Also schnall Dich gut an, das Logik-Karussell beginnt sich zu drehen:

1. Argument:
Gott ist das Größte, was von Menschen gedacht werden kann. Dieses Größte schließt alles ein. Dazu gehört auch, dass es real existieren muss. Denn wäre es nur als vollkommen gedacht, also nur in unserer Vorstellung, so wäre es nicht vollkommen, da ihm die reale Existenz fehlen würde. Ein unvollkommenes Wesen wäre aber nicht das größte, das wir uns denken können. Da wir die Idee „Gott" besitzen und damit das höchste Wesen meinen, muss es folglich auch existieren.

2. Argument:
Alles, was in dieser Welt existiert, lässt sich auf eine Ursache zurückführen. Die gesamte Welt muss also auch ihrerseits eine Ursache haben, einen Urheber, der alles in Bewegung gesetzt hat. Dieser Urheber oder Schöpfer der Welt, der seinerseits keine Ursache hat, ist Gott.

Wäre auch Gott verursacht, also nur ein „Produkt", so bliebe die Ursachenkette endlos, ohne Grund und Sinn.

3. Argument:

Was wir allgemein als gut und wichtig ansehen (das Schöne, die Wahrheit usw.) ist immer nur in unvollkommener Form anzutreffen, stets nur teilweise realisiert. Unsere Vorstellung davon geht jedoch vom vollkommenen Ideal aus, nicht von der verstümmelten Realität. Würden wir im Denken nicht „oben" ansetzen, also bei der Vollkommenheit, so wüssten wir gar nicht, in welche Richtung wir die Realität vorantreiben sollten. Die Idee des Vollkommenen stammt jedoch nicht von uns selbst. Wir haben sie nicht entworfen, sondern in uns vorgefunden. Der Ursprung und das Ziel dieser Vollkommenheit ist Gott. Ohne ihn blieben diese Ideale grundlos.

4. Argument:

Vor allem in der Natur laufen viele Prozesse ganz offensichtlich zielgerichtet ab. Es gibt eine Ordnung der Dinge, die wir auch als Naturgesetz bezeichnen: von den Regeln der Zellteilung bis hin zu den berechenbaren Bahnen der Planeten. Die Kräfte, die ordnend und zweckmäßig auf die Materie einwirken, kommen nicht von ungefähr. Sie können ihrerseits kein blindes Zufallsprodukt sein. Jede Ordnung belegt durch ihr Dasein und ihr Funktionieren eine im Hintergrund stehende Vernunft. Die Ordnung dieser Welt weist zweifelsfrei auf eine schöpferische Vernunft hin, die wir Gott nennen.

Das erste Argument stammt von dem englischen Erzbischof Anselm von Canterbury (1033-1109). Die übrigen Argumente gehen auf den mittelalterlichen Theologen Thomas von Aquin (1225-1274) zurück, der sich wiederum auf den griechischen Philosophen Aristoteles (384-322) stützt.

Ist doch alles logo, oder?

Diese kleine Auswahl mag hier genügen, um den Bogen nicht zu überspannen. Schließlich soll dies kein Lehrbuch werden. Trotzdem will ich Dich nicht so schnell aus dem Gedankenspiel entlassen. Du sollst ruhig noch ein wenig daran kauen. Diese Zumutung erlaube ich mir einfach. Vielleicht ist Dir beim ersten Lesen der Argumente schon die eine oder andere Idee durch den Kopf geschossen, was dagegen vorzubringen sei, oder sogar nochmals dafür.

Es liegt ja in der Natur der Sache, derartige Positionen nicht unwidersprochen stehen zu lassen. Denn auch in dieser Branche gilt: Konkurrenz belebt das Geschäft. Der engagierte, aber friedliche Streit mit Argumenten hält das ernstgemeinte Denkspiel allemal weiter in Gang. Er darf vielleicht sogar seinerseits als „Beweis" gesehen werden für die unstillbare Sehnsucht des Menschen nach der Erkenntnis einer letzten Wahrheit - die manche Gott nennen. Was es also gegen die „Gottesbeweise" von Anselm und Thomas zu sagen gibt, überlasse ich Dir herauszufinden...

Kapitel III:
Alles nichts, oder?

Als Du zuletzt mal eine richtige Mußestunde für Dich ganz allein hattest, was hast Du da gemacht? Ich meine, auf welche Weise beschäftigst Du Dich mit Dir selbst?

In der Auswertung einer Jugend-Befragung las ich interessiert, was diesbezüglich bei Deinen Altersgenossen derzeit „abgeht". Die Rangfolge der Antworten ergab etwa folgendes Ergebnis:
* sich mit einem Freund / einer Freundin unterhalten
* Musik hören
* seinem Hobby nachgehen
* ein gutes Buch lesen
* Gespräch mit der Mutter
* sich mal richtig pflegen
* durch die Straßen schlendern
* einen Teil des Tages verträumen
* in der Badewanne herumdösen
* sich mit einem Tier beschäftigen
* allein in die Natur gehen

Kommt Dir das bekannt vor? Wäre Deine Rangfolge ähnlich, oder ist Dir anderes wichtiger?

Der Zweck solcher Übungen ist wohl meist ein „Zu-sich-selber-kommen", ein Hineinhorchen in sich selbst, um Ruhe zu finden und wieder Kraft zu schöpfen. Es geht um eine Begegnung mit sich selbst, um Erfahrungen mit der eigenen Innenwelt. Grundsätzlicher ausgedrückt lässt sich das alles als Suche nach dem eigenen Ich verstehen. Wer bin ich? - Das ist eine Frage, die einen, einmal aufgetaucht, so schnell nicht mehr loslässt. Sie ist leichter gestellt als beantwortet. Der eindringliche und wiederholte Blick in den Spiegel gibt mir zwar auch schon eine erste Auskunft, aber die ist mehr äußerlich und hebt die Frage somit noch nicht auf. Sich selber kennenzulernen, die eigene Identität zu erforschen, ist eine regelrechte Lebens-Aufgabe.

Sofern ich hierbei meine eigenen Erfahrungen als halbwegs typisch bezeichnen darf, scheinen mir insbesondere die ersten Schritte auf diesem Weg zu sich selbst als die schwierigsten.

Wohl dem, der sie nicht alleine gehen muss. Wie wichtig bei der Auseinandersetzung mit der eigenen Person die Beziehung zu anderen ist, zeigt nicht nur die obenstehende Auflistung, das wirst Du wohl auch selbst schon so erfahren haben. Stimmt´s?

In dieser Befragung von Jugendlichen gab es mehr als 30 Antwortmöglichkeiten auf die Frage nach den aktuellen Beschäftigungsmöglichkeiten in Mußestunden. Zur Auswahl stand auch das „Beten". Findest Du das passend oder verwunderlich? Warum?

Gewählt wurde diese Position verständlicherweise eher von denen, die sich selbst noch als „kirchennah" ansahen. Die übrigen Jugendlichen hielten sich deutlich zurück. Im Durchschnitt aller gegebenen Antworten lag das Beten klar unterhalb der Marke „gelegentlich", wobei die männlichen Kandidaten dem Thema ablehnender gegen-überstanden als die weiblichen.
Was mag für das gelegentliche Beten der Anlass gewesen sein? Warum haben sie wohl gebetet, statt irgendetwas anderes zu tun? Welchen Grund hatten die Anderen, nicht zu beten?

Was hat es mit dem Beten auf sich? Wie die Einstellung zum Beten auch sein mag, sie ist größtenteils durch deine Erfahrungen geprägt. Das ist eine ganz ähnliche Problematik wie bei der Gottesfrage, zumal beide Themen innerlich eng zusammenhängen. Ohne den Glauben an Gott wäre es sinnlos zu beten.
Die meisten Kinder und Jugendlichen verbinden mit dem Gebet leider nur den Dank für das Angenehme oder das flehende Bitten, wenn alle anderen Hilfsquellen versiegt sind.

Das sind natürlich wichtige Seiten des Betens, aber „Beten" ist mehr und hat noch ganz andere Elemente. Insbesondere die weitverbreitete Gleichsetzung von Beten und Bitten kann sehr schnell in eine religiöse Sackgasse führen.

Ein Kind zum Beispiel dahingehend anzuleiten, es müsse Gott nur inständig genug um etwas bitten, und dann werde es auch so geschehen, ist eine gefährliche Täuschung über die Tatsachen unseres Lebens.

Wenn der Eindruck vermittelt wird, das Gebet als solches könnte z.b. bewirken, dass jemand wieder gesund werde, dann ist das sowohl ein grobes Missverständnis, als auch Hinweis auf ein mehr als bedenkliches Gottesbild. Es ist zu billig, Gott zu einem Wunscherfüllungs-Automaten zu degradieren: oben wirft man ein frommes Bittgebet hinein, unten fällt einem sogleich das Gewünschte in den Schoß!

Welch bittere und nachhaltig wirksame Enttäuschung muss so eine Vorstellung von Gott und Gebet auslösen, wenn etwa ein Kind seinen allergrößten Herzenswunsch in diesem Glauben an den „lieben Gott" richtet - und es geschieht nichts. Offenbar ergeben sich aus dieser Erfahrung zwei mögliche Reaktionen. Entweder man hält an dem erlernten Glauben fest und sucht den Fehler bei sich selbst, indem man einräumt, nicht „richtig" oder nicht oft und intensiv genug gebetet zu haben; oder man beschließt, mit diesem Gott und diesem Glauben Schluss zu machen, da er „nichts bringt". So zu überlegen und bewusst Konsequenzen zu ziehen, vermögen Kinder in dieser Klarheit gewiss noch nicht, wenn man sie auch gerade in solchen Dingen nicht unterschätzen sollte. Sie haben ein untrügliches Gespür für das, was wirklich taugt. Und wenn sich die Sache mit Gott und dem Beten gleich von Anfang an als „fauler Zauber" entpuppt, sind spätere Kurskorrekturen nur schwer möglich.

Da es sich beim Thema „Beten" um einen sehr privaten wie auch sensiblen Bereich der Religiosität handelt, sind hier besondere Vorsicht und Redlichkeit angebracht.

Die landläufige Vorstellung, beten heiße womöglich kniend, die Hände zu falten, und gesprochene oder gedachte Worte an Gott zu richten, enthält zwar Richtiges, bleibt aber eine Verengung.

Wo das Beten überdies noch erzwungen wurde, überrascht es nicht, wenn dieser Weg nach innen bestenfalls noch „gelegentlich" und halbherzig betreten wird.

Dabei wäre es so leicht, derart abschreckende Hindernisse gar nicht erst auf den Weg zu legen. Es kann nämlich kein Muss beim Beten geben! Wirkliches Beten lebt aus der Freiwilligkeit und aus der Vielfalt des Lebens. Jeglicher Zwang und jede Beschneidung von außen können nur eine zerstörende Wirkung haben. Das wäre so, als würde man jemandem sagen: „Du musst deine Frau täglich wenigstens dreimal küssen, sie in den Arm nehmen und zu ihr sagen, dass du sie liebst!". Was für ein Unsinn!

Wenn ein Mann seine Frau liebt, wird er ihr das auf seine Weise immer wieder zeigen - weil er es will, nicht weil er muss. Es wird ihn danach drängen, seine Zuneigung in Worten und Gesten zum Ausdruck zu bringen. Was das Innenleben bis zum Überlaufen ausfüllt, verlangt danach, herausgelassen zu werden und eine dazu passende äußere Form zu finden. Ehrlich ist es aber nur, wenn ich wirklich von mir aus sage „Ich liebe dich". Was man nicht freiwillig tut, das tut man auch nicht gern - und lässt es schließlich ganz sein, sobald der Druck verschwindet. Das gilt vor allem für die Beziehungen, in denen sich unser Leben abspielt. Die nächstliegende ist die Beziehung zu mir selbst. Mit sich selber klar zu kommen, sich selber hinreichend zu kennen und zu akzeptieren, wäre als Daueraufgabe schon fast genug. Dennoch sind es aber vor allem die anderen Beziehungen, die mir helfen, mich kennenzulernen und zu entfalten.

Was das mit dem Beten und mit Gott zu tun hat? Die Suche nach Gott und die nach der eigenen Identität gehen in dieselbe Richtung, sind letztlich identisch.
Dass Gott nur auf dem eigenen Seelengrund gefunden werden könne, daran erinnerten stets die Weisen aller Religionen. Also hat der Weg zu mir selbst sogar eine ganz besondere religiöse Bedeutung.

Der häufigste Vorwurf gegen das Beten ist der der Nutzlosigkeit. Was bringt es schon, so könnte man fragen z. B. für den Frieden zu beten, dessen Herbeiführung ja doch allein durch praktisches Handeln zu erreichen ist.

Die Nöte dieser Welt mit gefalteten Händen bekämpfen zu wollen scheint frommer Selbstbetrug zu sein. Diese Kritik trifft allerdings nur dort, wo Beten, wie oben beschrieben, vorrangig als ein simpler Wunscherfüllungs-Automatismus verstanden wird.

Mit einem mir sehr sympathischen musikalischen Beispiel will ich versuchen, der tieferen Bedeutung des Betens auf die Spur zu kommen. Gerne würde ich Dir dieses Lied vorspielen. Mag auch sein, dass Du es kennst. Wer allerdings im Verstehen der Kölner Mundart nicht so geübt ist, wird mit dem BAP-Lied seine Probleme haben: „Wenn et Bedde sich lohne däät" (aus dem Album „vun drinne noh drusse", 1982).
Wolfgang Niedecken wird es mir sicher nicht übelnehmen, wenn ich seinen Liedtext zum besseren Verständnis hier in einer leicht verhochdeutschten Fassung wiedergebe:

Wenn das Beten sich lohnen würde, was meinst du wohl, was ich dann beten würde, beten würde.
Ohne Prioritäten, einfach so, wie es käme, fing ich an, nicht bei Adam, und nicht bei Unendlich, trotzdem: jeder und jedes käme dran: für all das, wo der Wurm drin ist, für all das, was mich schon immer gequält, für all das, was sich wohl niemals ändert, klar - und auch für das, was mir gefällt.
Vom Choral für die Dom-Taube, die verkrüppelt verendet in der Gosse, bis zu Psalmen für das Wetter und die Stunden mit dir, die zu kurz sind. Ich würde beten, was das Zeug hält, ich würde beten auf Teufel komm raus, ich würde beten, für was ich gerade Lust hätte, doch für nichts, wo einer sagt: du musst, du musst.
Wenn das Beten sich lohnen würde...
Einen Rosenkranz dem Poeten, der als Schaf in einem Wolfspelz rumsteht, neben Troubadour und Prophet, denen das Lachen tagtäglich vergeht. Ich würde eine Kerze aufstellen für Elvis (Presley), würde ein Hochamt bestellen für John (Lennon), Prozessionen würden gehen für Janis (Joplin), all diese Helden, die würden belohnt!

Und ein Vaterunser dem Feldherrn, der darauf wartet, dass er endlich verliert, dem es hochkommt bei seinen Triumphzügen, der Obelisken genug erbeutet hat. Für die zwei Philosophen, die schimpfen in einem Elfenbeinturm in Klausur, die seit Menschengedenken sich zanken aus Erbarmen ein Stoßgebet nur, ein Stoßgebet nur.

Wenn das Beten sich lohnen würde...

Ich würde beten für Sand im Getriebe, und jede Klo-Frau bekäme Riesenapplaus, überhaupt bekäme jeder Unmengen Liebe und der Sisyphus nicht nur eine Pause.

Ich würde die Rubel bremsen, die da rollen, Kronjuwelen verbannen auf den Schrott, ließ alle Grenzen und Schranken verschwinden, jeden Speer, jedes Gewehr, jedes Schafott.

Vielleicht beneide ich auch die, die glauben können, doch, was soll´s, ich jage doch kein Phantom. Gott, wäre das Beten doch bloß nicht so sinnlos, denn oft denke ich, wir wären bald schon an dem Punkt, wo es egal wird, wer Recht hat, wo Beziehung und Kohle nicht zählt. Wir sind alle zusammen auf dem Kreuzweg etwa dort, wo man das dritte Mal fällt, das dritte Mal fällt.

Wenn das Beten sich lohnen würde...

Kannst Du Dich in diesem Lied wiederfinden?

Mich beeindrucken daran besonders das radikale Engagement und die malerische Kraft der Bilder, mit denen das Thema durchgespielt und treffend auf den Punkt gebracht wird.

Nun, wovon ist hier die Rede? Man kann dieses Lied nämlich als ein Klagelied hören.

Es singt von all dem, was in unserer Welt schiefläuft, was nach grundsätzlicher Veränderung schreit, die aber leider nicht stattfindet. Sie scheint nur einer übermenschlich starken Hand möglich zu sein. Unsere „Kräfte" haben es lediglich geschafft, das Dilemma anzurichten.

Umgekehrt sehe ich dieses Lied auch als ein Loblied, eine Hymne. Als solches besingt es die schönen Seiten des Lebens, die guten Ansätze und herausragende Gestalten, die man schätzt, weil sie einem etwas gaben.

Mehr noch klingt es in meinen Ohren als ein Lied der Hoffnung. Es sieht zwar auf den ersten Blick gar nicht danach aus, da es doch nur das Utopische beschreibt. Ich höre aber auch: da ist einer, der an den Zuständen dieser Welt leidet, ebenso wie an den allzu menschlichen Schwächen. Und er tut seine Klage darüber laut und deutlich kund. Beim Jammern über die allseitige Misere endet das Lied aber nicht, es formuliert mit aller Kraft ein Gegenmodell.

Darin sind die Bedingungen eines „guten Lebens" bildreich umschrieben: Frieden, Solidarität, Freiheit, Gerechtigkeit und Liebe. Wovon auch sonst sollte es sich lohnen, Utopien zu entwerfen!

Neben berechtigtem Fleiß stehen hier Mut und Veränderungswille. Eine tiefsitzende Idee, ein Traum davon, wie es gut und richtig wäre, platzt förmlich durch die vom leider „falschen" Leben verschlissenen Nähte. Der Glaube an ihre Verwirklichung ist einer, der diesen Namen verdient. Wer daran festzuhalten vermag, der hat sich und den Rest der Welt noch nicht aufgegeben, er sieht noch einen Grund zur Hoffnung, und sei er noch so klein. Auch die kleinste Flamme, wenn sie behütet wird, kann sich zu einem wärmenden Lagerfeuer auswachsen. Woher einer allerdings den Grund zum Hoffen nimmt, das ist die entscheidende Frage. Aus sich selber heraus hat er lediglich die Sehnsucht nach einer heilen Welt - und eine gewisse Kraft, sich dorthin auf den Weg zu machen. Was ihn aber zutiefst und immer wieder neu motiviert, den Versuch nicht abzubrechen, wissen wir deswegen noch nicht.

Der Liedtext deutet in seiner letzten Strophe an, dies müsse am Ende ein religiöser Glaube sein, auch wenn Gott - welcher mag gemeint sein? - als Instanz ausfällt. Ja, wenn das Beten sich lohnen würde - weil man darauf vertrauen darf, gehört zu werden und nicht ins Leere zu hoffen und zu sprechen, dann bräuchten wir uns mit unseren Sorgen und Problemen nicht so verlassen zu fühlen, dürften uns (wenn auch nicht dauernd spürbar) aufgehoben wissen in einer größeren „Dimension".

Der Gottesglaube, der im Gebet keinen Bogen um die Nöte des Alltags macht, indem er sie nicht nur vor Gott benennt, sondern sie auch mutig und zielgerichtet anpackt, zeigt darin seine Glaubwürdigkeit. Er jagt dann keinem „Phantom" nach. Vielmehr beweist er seinen Realitätssinn, weil er im Spiel des Lebens auf die Karte „Hoffnung" setzt, die letztlich immer den Stempel „Gott & Co" trägt. Zugespitzt: Wer durch seinen engagierten Einsatz für andere Menschen und für eine bessere Welt seinen ungebrochenen Glauben an das Leben und daran, dass „am Ende alles gut" werden kann, umsetzt, der betet, auch wenn er nicht „betet" im üblichen Sinne.

Das meint sowohl den Arzt, der in einem afrikanischen Flüchtlingslager täglich Knochenarbeit leistet, ebenso wie die ungezählten Mütter, die ihre beruflichen Interessen zurückstellen, um für die Kinder da zu sein, und viele andere mehr. Der Glaube, dass es sich lohnt, den nächsten Tag zu erleben, ist der nicht in uns allen wirksam wie die Feder einer Uhr? Darf unser Liedtext nicht eventuell selber wie ein Gebet verstanden werden, da er sich lesen lässt, als sei er zu Gott (dem „Phantom") gesprochen?

Sensibles Wahrnehmen und eine praktische Humanität entsprechen dem wirklichen Beten mehr als zahllos gemurmelte Gebetsformeln. Nichts gegen das stille Gebet oder den Gebrauch altehrwürdiger Texte. Sie haben ihren eigenen Platz und ihr Recht, solange sie nicht zum Feigenblatt werden, zum Ersatz für konkretes Handeln.

Das Leben hält ständig genügend Situationen bereit, in denen menschliches Tun seine Grenzen erreicht und ein gutes Ende nur noch erhofft und erbeten werden kann. Und auch dann kommt es nicht unbedingt so, wie wir es gerne hätten, weil ein Gebet nun mal keine magische Zauberformel ist. Es gibt keine Garantien im Leben. Für niemand. Das weiß auch der Glaube - und vertraut dennoch. Exakt das ist der Moment seiner Bewährung: dass er leben hilft.

Als Antwort auf die mögliche Rückfrage „Was tut man denn eigentlich, wenn man betet?", dürfte inzwischen klar geworden sein, dass Beten nicht außerhalb des alltäglichen Lebens seinen Ort hat, eher mittendrin. Im Gebet, sofern es mit Sprache verbunden ist, wird zum Ausdruck gebracht, was Sache ist. Das bezieht sich, wie in dem Lied, wesentlich auf die Verhältnisse um mich herum. Nicht minder wichtig aber bin ich als der Betende selbst. Da ja ich es bin, der betet, komme ich auch darin vor, egal, ob ich mich selber eigens zum Thema gemacht habe oder nicht. Wie ich bete, ist davon bestimmt, wie ich bin. Womit wir wieder am Anfang wären bei der Auseinandersetzung mit sich selbst, der Erkundung der eigenen Innenwelt.

Beten ist also eine Bewusstseinshaltung, die vom Glauben durchtränkt wird. Das „glaubende Wissen" darum, mein konkretes Leben im Angesicht Gottes zu führen, unter dem Anspruch Mensch zu werden, darum geht es. Wahrhaft menschlich zu sein, ist uns nur als Möglichkeit, als Anlage in die Wiege gelegt worden. Der Rest ist jedem als Auftrag überlassen, wird nicht erzwungen, sondern bleibt meine freie Entscheidung. Ein anderer Name dieser angezielten Menschlichkeit ist Liebe. Man darf dieses Wort für ziemlich abgegriffen halten, weil es zu oft als Name für anderes benutzt wurde. Richtig verstanden trifft jedoch kein anderes Wort den gemeinten Sachverhalt derart stimmig, weshalb es sicher auch im Neuen Testament so häufig verwendet wurde.

Lieben bedeutet unbedingte Annahme des anderen, zu ihm stehen ohne jede Bedingung, fernab jeder Einschränkung dessen Glück zu suchen. Wem das übertrieben idealistisch klingt, der möge das Wort anders definieren - oder anderes Liebe nennen. Aber er steht dann im Widerspruch zu allem, was Menschen bislang unter diesem Wort verstanden, erfahren und auch erlitten haben. Liebe verkörpert einen Anspruch und eine Zusage. Die Unbedingtheit ist der einzige Preis, zu dem sie zu „haben" ist.

Das Annehmen fängt ja bei mir selber an. Zu sich selber Ja sagen zu können, ist eines der ersten (und zuweilen auch der schwersten) Kunststücke, die im Leben zu bewerkstelligen sind. Darin hat jeder sein eigenes Maß. Vor allem meine miesen Seiten, meine seelischen Abgründe, und meine „verdorbenen" Phantasien machen es nicht eben leicht zu sagen: Das bin ich, das alles gehört zu mir! Bei recht vielen Menschen spürt man direkt, wie angestrengt sie einen großen Bogen um ihre Schattenseiten machen, sie erfolgreich verdrängen. Es ist bekanntlich aber weder sinnvoll noch förderlich, einen Teil der eigenen Persönlichkeit nicht wahrhaben zu wollen und ihn geflissentlich zu übersehen. Auf diese Weise wird man weder richtig „erwachsen", noch ein ganzer Mensch im angedeuteten Sinne. Auch das an mir, was mir nicht gefällt, gelten zu lassen und zu akzeptieren, ist ein entscheidender Schritt seelischen Reifens, ein tragender Baustein echter Menschlichkeit.

Was kann bei der ungeschminkten Begegnung mit dem eigenen Ich hilfreicher sein als die Überzeugung und die Erfahrung, auf jeden Fall angenommen, gemocht oder sogar geliebt zu werden, egal was für einer ich bin? Du wirst mir vermutlich zustimmen, dass uns diese Annahme eines anderen ohne jede Einschränkung - sogar bei denen, die uns nahestehen - manchmal verdammt schwerfällt. Bisweilen wird sie sogar die Fähigkeit des Einzelnen schmerzlich überfordern.

Aber: gibt es eine wirkliche Alternative zu diesem Weg? Gerade wenn wir selbst wiederholt die Erfahrung machen, eben nicht hundertprozentig angenommen, respektiert und geachtet zu werden, ist auf diesem Hintergrund der Wunsch und die Sehnsucht, es möge jemanden geben, der mich genauso sein lässt und mich mag, wie ich bin, umso verständlicher! Der Glaube sieht in Gott dieses erlösende Du, das mich bis in die tiefsten Winkel meiner Seele kennt - und mich sein lässt wie ich bin. Wer in diesem Glauben lebt, wird sich das zur eigenen Ermutigung stets erneut vor Augen halten und zum Ausdruck bringen. Auch das ist beten.

Wenigstens im Ansatz gelernt zu haben, mit den eigenen Fehlern und Schwächen zurecht zu kommen, macht auch gelassener und nachsichtiger gegenüber den Unvollkommenheiten der Artgenossen. Es mag wieder zu idealistisch oder zu simpel klingen, doch es ist wahr: wer es schafft, sich selbst zu mögen, der ist auch in der Lage, einem anderen glaubwürdige Zuneigung entgegenzubringen. Das Annehmenkönnen der eigenen Person ist die notwendige Voraussetzung für das Gelingen von zwischenmenschlichen Beziehungen überhaupt. Wer nur unzureichend weiß, wer er selber ist, bei dem bleibt eine Freundschaft oder Partnerschaft eine gefährlich wackelige Angelegenheit. Glauben heißt also, das Leben in Beziehung zu Gott sehen.

Wege zur eigenen Mitte gibt es viele. Sie sind sich jedoch alle darin gleich, dass *ich* sie gehen muss und dass ich sie *gehen* muss, wenn sie zu diesem Ziel führen sollen. Weil eben jeder von uns einzigartig und unverwechselbar ist, kann auch niemand für uns diesen Weg gehen. Die Schritte auf diesem Weg zur Mitte sind meditativ. Meditation vollzieht sich ebenfalls in der Praxis unseres Alltags, nicht nur (oder erst) im langen Stillsitzen mit verschränkten Beinen. Alle kleinen Momente der Entspannung und des Durchatmens können das sein, oder auch die völlige Konzentration auf eine Sache.
Es sind die Momente, in denen ich zu mir selber komme - welch ein Ausdruck! - und ganz bei einer Sache bin. Genau darin bin ich dann ganz bei mir! Beobachte Dich mal in dieser Hinsicht!

Was sich meistens spontan und vielfach unbewusst abspielt, lässt sich natürlich ebenso absichtlich und darum mit größerer Wirkung praktizieren. Nenne man es nun Meditation, Besinnung, autogenes Training oder sonst wie. Es dient allein dazu, sich (und folglich auch die gesamte Umwelt) bewusster wahrzunehmen, das Wahrgenommene besser einordnen und verarbeiten zu können und seine Beziehungen harmonischer zu gestalten. Kurz, es verhilft zu mehr Lebensfreude. Wenn Du also ernsthaft Deine Mitte suchst - auch das ist Beten.

Kapitel IV:
Das Ende ist sicher - offen!

Erinnerst Du Dich noch, was Du bei dem Fragebogen im ersten Kapitel zum Stichwort „Jenseits" geantwortet hast? Blättere ruhig mal eben zurück.

Weißt Du noch, warum Du so geantwortet hast? Welche Begründungen lassen sich generell für die eine oder andere Seite in die Waagschale werfen?

„Über den Tod zu sprechen ist eine der vernünftigsten Arten, um über das Leben zu sprechen." - Dieser Satz des französischen Schriftstellers Andre Malraux begleitet mich schon viele Jahre, und ich sehe ihn dauernd wieder bestätigt. Vielleicht wird er Dir am Ende des Kapitels auch etwas mehr sagen. Wir werden sehen.

Ein verbreitetes Vorurteil besagt, junge Leute Deines Alters hätten kein Ohr für dieses Thema. Über den Tod und das Sterben sich Gedanken zu machen sei erst angesagt, wenn man mal ins Rentenalter kommt. Dann ja, aber nicht jetzt, da man doch das ganze Leben noch vor sich habe.

Meine Erfahrungen in dieser Sache sind andere. Natürlich gibt es immer junge Menschen, die das Thema wie eine heiße Kartoffel direkt wieder fallen lassen, sobald die Rede darauf kommt. Der weitaus größte Teil aber scheint mir sogar recht aufgeschlossen und diskussionsfreudig dem Tod ein paar Überlegungen zu widmen. Für viele ist die Auseinandersetzung mit dem Tod mehr eine theoretische Angelegenheit, eine Art Planspiel, da sie noch wenig oder gar keine unmittelbare Berührung damit hatten.

Selbst wenn jemand schon Todesfälle in seinem engeren Lebensumfeld erlebt hat, bedeutet das nicht zugleich, er oder sie habe sich durch dieses Erlebnis nun eingehend mit dem Tod beschäftigt und verfüge über Einsichten und Erkenntnisse, die ihr oder ihm einen Vorsprung an Lebenswissen sichern.

Ob der Tod eines anderen Menschen wirklich zu einer tiefgreifenden Erfahrung wird, ist von vielerlei Faktoren abhängig; zum Beispiel von der Erziehung, die einem hoffentlich auch etwas über die Begrenztheit des Lebens mit auf den Weg gegeben hat; von der jeweiligen Lebensphase, die Einstellungen und Denkweisen prägt, oder von der persönlichen Beziehung zu dem Verstorbenen. Der Tod eines selten gesehenen Onkels löst sicher ein anderes Maß an Betroffenheit aus als der tödliche Unfall eines guten Freundes.

Wir können also dem Tod sehr unterschiedlich begegnen, da er viele Gesichter hat. Unsere übliche Vorstellung vom Tod im Alter, beschreibt nur eines dieser Gesichter.
Mach doch mal gerade eine kleine Bestandsaufnahme Deiner Erfahrungen: Wie oft warst Du schon bei einer Beerdigung? Wie erging es Dir da? Hast Du je einen Toten aus der Nähe gesehen? Wie war das? Haben bestimmte Erlebnisse in dieser Richtung Deine heutige Einstellung maßgeblich beeinflusst?

Es gibt nicht viele andere Themen, die uns so naheliegend sein müssten wie unsere Sterblichkeit. Ich sage „müssten", denn bekanntermaßen genießt Gevatter Tod bei uns Lebenden gerade nicht die Aufmerksamkeit, die ihm gebührt. Und das, obwohl er die einzig gesicherte Tatsache unseres Daseins ist. Jeder von uns weiß, dass er nicht ewig hier herumläuft. Aber leben wir auch alle danach?
Genau besehen werden wir ständig mit dem Thema Sterben und Tod konfrontiert: Wie viele Tote und Sterbende wirft uns nicht jeden Tag das TV-Programm ins Wohnzimmer! Wie viele Tode wurden nicht allein schon per Video oder Kinoleinwand vor unseren Augen gestorben! Nicht zuletzt die Filmbranche widmet sich verdächtig oft dem Thema Tod und Jenseits. Ich erinnere nur an Film-Titel wie „Ghost - Nachricht von Sam", „Flatliners", „Die Krähe", „Hinter dem Horizont", „In meinem Jenseits" oder „Hereafter".

Auch die noch anhaltende Okkultwelle und der sich ausbreitende Esoterikmarkt kreisen im Wesentlichen um das Leben nach dem Tod und alles, was damit zu tun hat. Ebenfalls wird in der Rock- und Popmusik öfter als vermutet über den Tod gesungen. Das Thema Tod scheint aber nur so normal und alltäglich zu sein.

Wir leben nämlich in einer Gesellschaft, die krampfhaft genau in die entgegengesetzte Richtung starrt. Was zählt, sind Jugendlichkeit, Schönheit, Fitness und Leistungsfähigkeit. Gegen so Sachen wie Alter, Krankheit, Behinderung, Schwäche und Tod werden alle Kräfte mobilisiert: von der Anti-Falten-Creme, die „jünger" aussehen lässt, bis hin zur Lebens-Versicherung (welch widersinniges Wort!). Alles, was an die weniger schönen Seiten des Lebens erinnert, wird nicht so gern gesehen. Es wird übergangen, ausgeklammert und verdrängt. Trotz ständiger Anwesenheit in vielerlei Gestalt ist der Tod im gesellschaftlichen Bewusstsein weiterhin ein Tabu.
Die meisten Menschen haben nicht gelernt, mit dieser „Lebens-Bedingung" selbstverständlich, angstfrei und ungezwungen umzugehen. Weil der Tod dauernd aus dem Alltag verdrängt wird, ist er für uns ein völlig Fremder, wenn er auf einmal unseren Lebensweg kreuzt und wir nicht mehr an ihm vorbeischauen können.

Das habe ich in den letzten Jahren wiederholt erlebt. Ich erinnere mich dabei vor allem an eine Schulklasse, in der einer der Schüler mit seinem Wagen tödlich verunglückt war. Die Klassenkameraden waren durch dieses Ereignis dermaßen geschockt und sprachlos, dass es mehrere Wochen dauerte, bis wir zusammen darüber reden konnten. Sie mussten sich erst langsam an den Gedanken gewöhnen, dass der leere Stuhl auf immer leer bleiben würde, dass sie ihren vertrauten Kollegen niemals wiedersehen würden. Kein Wort mehr mit ihm reden, kein Bier mehr mit ihm trinken, ihm nicht mehr auf die Schulter klopfen können. Alles zu Ende. Er ist weg. Endgültig.

So ähnlich geht es wohl vielen von uns. Die Tatsache, dass jemand, der mir sehr nahestand, gestorben ist, wirkt im ersten Augenblick so unglaublich, dass man sie erst allmählich für sich „realisieren" muss. Eine plötzliche Todesnachricht kann ja unter Umständen das gesamte Leben von einer Minute zur anderen total umkrempeln.

Umso größer ist der Einbruch auf der dünnen Eisdecke des Lebens, je massiver und erfolgreicher bis dahin am Tod vorbeigelebt wurde.

Ob einer in dieser Situation aber von Trauer und Schmerz seelisch aufgefressen wird, oder ob er der völligen Machtlosigkeit angesichts des Todes noch irgendeine Hoffnung entgegen zu stellen weiß, das ist schließlich eine Frage des Glaubens, der religiösen Überzeugung.

An diesem Punkt kann nur noch geglaubt werden, denn ein Fakten-Wissen darüber, was im Tod oder danach mit uns geschieht, besitzt keiner. Wer lebt, hat es noch nicht erfahren, und wer es erfahren hat, kann es uns nicht mehr erzählen. So sitzen alle Lebenden im gleichen Boot. Ohne je definitives Wissen erlangen zu können, müssen wir uns dennoch damit auseinandersetzen und irgendwie Position beziehen. Welche Einstellung zur Sache nun einer vertritt, bleibt seiner freien „Wahl" überlassen.

Allerdings sollte ein Kriterium dabei keine Nebenrolle spielen: die Vernunft. Soll nämlich noch ein sinnvolles Gespräch über die verschiedenen Ansichten möglich sein, sind dazu vernünftige, nachvollziehbare Argumente und sachgerechte Überlegungen nötig. Ansonsten bleibt jeder mit seinen eigenen Ideen allein und ein gemeinsames Weiterkommen bleibt aus.

1. Der Markt der Möglichkeiten

Gerade weil es hier um einen letzten Ernst im Leben geht, dem schließlich niemand ausweichen kann, haben sich unsere Vorfahren schon vor Jahrtausenden den Kopf darüber zerbrochen, was der Tod eigentlich ist und ob er wirklich das endgültige Aus bedeutet. Dieses Nachdenken und Spekulieren war auch nicht ergebnislos. Es waren sogar höchst interessante Ideen und Schlussfolgerungen, die dabei herauskamen. Einige dieser Antworten auf die Frage nach dem Tod haben mit der Zeit große Verbreitung gefunden, das gesellschaftliche Leben ganzer Völker bestimmt und manche wirken bis heute nach. Man muss nur genau genug hinsehen.

Wer sich am Beginn des 21. Jahrhunderts ein paar Gedanken macht über unsere Vergänglichkeit, sollte auch die Einsichten berücksichtigen, die andere Menschen vor uns hatten. Da gibt es wahrscheinlich so manche Verbindung zu dem, was einem schon selber durch den Kopf gegangen ist. Einige der berühmtesten Denkmodelle sollen hier kurz beschrieben und zur Diskussion gestellt werden.

Das **erste Modell** hat uns ein alter Grieche hinterlassen. Für den Athener Philosophen PLATON (427-347 v. Chr.) besteht der Mensch aus mehr als nur dem materiellen Körper. Der eigentliche Kern des menschlichen Wesens ist seine Seele, die als solche unsterblich ist und sich nur vorübergehend mit der Materie verbindet. Nach dem Tod kehrt sie zu ihrem Ursprung, dem "Reich der Ideen" zurück. Der Tod ist also der Moment, in dem sich Körper und Seele trennen.

Das **zweite Modell** ist ebenfalls sehr alt und in Asien bis heute allgemein verbreitet. Es ist die Lehre von der Wiedergeburt, manchmal auch Seelenwanderung oder Reinkarnation genannt. Im Hinduismus und Buddhismus ist sie von zentraler Bedeutung. Auch diese Vorstellung geht davon aus, dass jeder Mensch eine Seele besitzt, die vom Tod nicht vernichtet werden kann.

Denn die Seele ist nicht aus vergänglicher Materie, sondern ist ein Teil des ewigen Geistes.

Die Hindus nennen es „Atman". Dieser Teil des Menschen überdauert also das körperliche Ende und wird zu einem späteren Zeitpunkt in dieser Welt wiedergeboren, lebt ein weiteres Mal, wird wieder sterben, sich wieder verkörpern usw. Der Kreislauf der Wiedergeburten findet erst dann seinen Abschluss, wenn die Seele (das Bewusstsein) des Menschen so vollkommen geworden ist, dass er eingehen kann in „Brahman", den großen Geist des Alls. Solange diese letzte Stufe nicht erreicht ist, zwingt das Gesetz des „Karma" den Menschen zu einer erneuten Wiedergeburt. „Karma" meint, dass jeder für sein eigenes Schicksal verantwortlich ist. Was man in diesem Leben tut oder lässt, hat Auswirkungen darauf, unter welchen Bedingungen man im nächsten Leben wiedergeboren wird. Für die endgültige Erlösung ist also jeder selber zuständig. Daher braucht jeder Mensch ein anderes Maß an Zeit auf dem Weg zur Vollkommenheit. Im Gegensatz zu den Hindus glauben die Buddhisten jedoch nicht an eine beständige „Seele", die immer wieder einen neuen Körper erhält. Sie glauben, dass die materielle Welt eine Illusion ist. Es gibt kein wirkliches „Ich" einer Person. Bei der Wiedergeburt wirken einfach nur Ursachen des vorherigen Lebens weiter. Erst wenn die Vollkommenheit des Geistes erreicht ist, hat der Mensch das eigentliche Ziel des Lebens, das Nirvana (= Verlöschen, Verwehen), erreicht. Dann muss er nicht wiedergeboren werden.

Das **dritte Modell** stammt aus dem 19. Jahrhundert und wurde von KARL MARX (1818-1883) entworfen. Bei Marx steht nicht der einzelne Mensch (das Individuum) im Mittelpunkt, sondern die Gesellschaft (das Kollektiv). Darum ist auch die Bedeutung des Einzelnen davon abhängig, wie er zur Gemeinschaft steht, wieweit er deren nützliches Mitglied ist und zum Fortschritt der Allgemeinheit beiträgt.
Für Marx gibt es keine unsterbliche Seele, kein Jenseits oder ähnliche Wunschprodukte.

Der Mensch stirbt eben und verschwindet. Was von ihm bleibt, ist seine Leistung für die Gesellschaft und die bessere Zukunft. Sein Einzel-schicksal dient allein der Höherentwicklung der Gesellschaft, denn nur sie ist quasi unsterblich.

Als **viertes Modell** wäre zu nennen, was die Überzeugung aller uns bekannten Religionen in der Menschheitsgeschichte ausmacht: der Glaube an ein Jenseits, in das man nach dem Erdenleben eintritt. Dieser Glaube kennzeichnet auch das Christentum, den Islam und das Judentum. Bei allen dreien ist die Vorstellung vom Jenseits eng mit dem Gottesglauben verknüpft. Der Jenseitsglaube setzt also darauf, dass das Leben mit dem Tod nicht endet, sondern in einer veränderten Weise weitergeht. Dabei bleibt die Individualität des Menschen erhalten, also seine je einzigartige Lebensgeschichte.

Das **fünfte Modell** den Tod zu deuten hat erst in den letzten zweihundert Jahren eine größere Anhängerschaft gefunden. Es beschränkt sich völlig auf das Diesseits und sieht mit dem Tod das absolute Ende gekommen. Ein Jenseits gibt es nicht, ebenso wenig eine Wiederkehr. Die Endstation heißt Friedhof. Dies sei das einzige, das man sicher sagen könne bei nüchterner Betrachtung. Was uns Wahrnehmung und Verstand (lateinisch = ratio) erkennen lassen, sei eben die schlichte Tatsache der Endlichkeit des Lebens. Alles andere sei Wunsch und Einbildung. So meint der Rationalismus.

Das **sechste Modell** lässt sich in dem Satz zusammenfassen „Ich lebe in meinen Kindern weiter!". Diese Überzeugung ist meist von älteren Menschen zu hören, die stolz und glücklich auf ihre Kinder und Enkel blicken.
Eine Variante dieser Idee schließt auch ein, was einer an Dauerhaftem hinterlässt, was ihn also „überlebt". Das kann die eigene Firma sein, eine Erfindung, ein Bauwerk, eine Formel, ein Buch oder ähnliches.
Jedenfalls etwas, das einer selber geschaffen hat, in dem „etwas" von ihm enthalten ist und nach seinem Tod weiterexistiert.

Soweit die bekanntesten Deutungen über das Ende des Lebens. Entspricht eines dieser Modelle deiner eigenen Ansicht? Aus welchem Grund stimmst du gerade diesem Modell zu? Welche Argumente gibt es gegen die anderen Vorstellungen?

2. Nicht nur ein Sandkastenspiel

Wenn wir die genannten Auffassungen nochmals auf je einen Satz zusammenschrumpfen lassen, ergeben sich vier Grundüberzeugungen in Sachen Tod und Jenseits. Sämtliche weiteren Vorstellungen lassen sich diesen als Varianten zuordnen:

A) Mit dem Tod ist alles aus.
B) Ich werde in einer anderen Welt weiterleben.
C) Ich werde in diese Welt wiedergeboren.
D) Ich lebe in meinen Nachkommen bzw. in dem von mir Geschaffenen weiter.

Man kann jetzt natürlich sagen: „Nun gut, ich glaube dieses oder jenes, andere glauben halt etwas anderes. Soll doch jeder glauben, was ihm gefällt!". Klar, diese Freiheit soll auch keinem genommen werden. Das kann oder sollte dennoch nicht der Schlusspunkt in der Diskussion sein, die noch gar nicht richtig begonnen hat. Es muss ja noch erlaubt sein, zu argumentieren und kritische Nachfragen zu stellen, ohne gleich den Gesprächspartner mit aller Gewalt von der „Unsinnigkeit" seiner, und der „klar ersichtlichen Wahrheit" der eigenen Position überzeugen zu wollen. Jeglicher Missionseifer ist möglichst zu vermeiden. Dem Partner soll wenigstens ein Schlupfloch erhalten bleiben, sich dem besseren Argument bereitwillig öffnen zu können, statt sich mit voller Kraft nur verteidigen zu müssen.

Deshalb möchte ich die nachfolgenden Anmerkungen und Argumente zu den vier Grund-Positionen auch vornehmlich in Frageform kleiden. Ich überlasse es Dir, diesen Fragezeichen schrittweise nachzugehen, dabei Deine eigene Meinung vielleicht zu festigen, um für eine spätere Diskussion besser gerüstet zu sein.

A) Mit dem Tod ist alles aus.

So zu denken scheint auf den ersten Blick der einzig realistische Weg zu sein.

Aber: Wie weit kann diese Auffassung wirklich zufriedenstellen? Muss dann nicht der Tod als ein sinnloser Abbruch des Lebens erscheinen und die gesamte Lebensspanne mit allem Erreichten und Erlittenen als ebenso sinnlos erscheinen lassen? Setzt mich diese Auffassung nicht unter den Druck, mein Leben ständig und bis zuletzt auszunutzen, es auszukosten um jeden Preis, da ich nur eine begrenzte Zahl von Möglichkeiten besitze? Wieviel Ruhe und Gelassenheit erlaubt mir dieses Bewusstsein der unaufhaltsam verrinnenden Zeit, die meine Chancen zunehmend beschneidet? Wenn ich konsequenterweise zuerst für den eigenen Lebensgenuss zu sorgen habe, kann ich dann überhaupt noch Platz lassen für andere, eine Familie, ein soziales Engagement?

Welchen Grund sollte es zudem noch geben, sein Leben „anständig" zu verbringen, sich um irgendeine Moral zu scheren, die mir doch nur vieles verbietet, was mir Spaß machen könnte?

Wie hilfreich und tröstend ist diese Perspektive, wenn man erfährt, dass man nur noch kurze Zeit zu leben hat? Wird die Angst vor dem Tod nicht zu einer beklemmenden Übermacht, da ihr nichts mehr entgegengesetzt werden kann?

B) Ich werde in einer anderen Welt weiterleben.

Kann dieser Glaube nicht Trost und Hoffnung sein angesichts unseres doch immer unvollendeten Lebens? Hilft er nicht im Ernstfall, die Angst vor dem Ende in Grenzen zu halten, da man in der Überzeugung lebt, Leben sei mehr als wir davon erfassen können und werde deshalb auch am Tod nicht Halt machen? Mag er nicht auch ein Gefühl der Sinnhaftigkeit geben im Blick auf alle angestrebten und verwirklichten Werte des Lebens, da sie dann über den Tod hinaus eine Bedeutung behalten, statt einfach ausgelöscht zu werden? Motiviert der Gedanke, dass nichts endgültig verloren geht, nicht auch eher zum Einsatz für das Gute, für Menschenrechte, Frieden und Gerechtigkeit?

Aber: Verlockt nicht diese Vorstellung auch dazu, das Interesse zu schnell auf das Jenseits zu richten, weg von der weltlichen Realität? Mag nicht einer etwas Gutes möglicherweise mit dem Hintergedanken tun, er werde dafür nach dem Tod einmal belohnt?

C) Ich werde in diese Welt wiedergeboren.

Ist nicht auch das ein tröstlicher Glaube, es sei mit diesem einen Leben noch nicht getan, man erhalte so viele weitere Chancen wie nötig sind, um das Ziel des Lebens zu erreichen? Wird er nicht ebenfalls die Angst vor Sterben und Tod verringern und dem abgeschlossenen Leben einen Sinn in einem größeren Ganzen geben?

Aber: Nötigt er mich nicht auch zu einem extrem positiven Lebenswandel, damit ich es im nächsten Leben besser habe und möglichst bald aus diesem Kreislauf erlöst werde?

Verführt er nicht eventuell auch dazu, manches auf das nächste Erdenleben zu verschieben, also dieses jetzige Leben nicht richtig ernst zu nehmen? Ist das Gesetz des Karmas nicht ein gnadenloses Buchhaltungsprinzip? Haben das Erbarmen und die Vergebung hier keine Bedeutung? Wie kann ich aus den Fehlern in früheren Leben heute lernen, wenn ich mich nicht daran erinnere?

D) Ich lebe in meinen Nachkommen bzw. in dem von mir Geschaffenen weiter.

Ist diese Sichtweise nicht sehr naheliegend und logisch? Schließlich „vererben" wir unseren Kindern bekanntlich einiges von unseren körperlichen und seelischen Wesensmerkmalen.

Aber: Bedeutet das nicht auch Leistungsdruck, denn es bedingt ja, dass man Kinder zeugt bzw. etwas besonders Dauerhaftes schaffen muss? Was wird mit denen, die keine Kinder haben? Was ist, wenn die Kinder *vor* den Eltern sterben? In welchem Sinne „leben" denn meine Eltern, Großeltern etc. in mir weiter? Wer bin *ich* dabei?

Wie Du schon an diesen ersten bescheidenen Anfragen ablesen kannst, haben alle Varianten unmittelbare Auswirkungen auf die Lebenspraxis.

Es ist also nicht egal, wie einer über den Tod denkt und was er glaubt. Sein allgemeines Lebensgefühl wird davon beeinflusst, in der Folge auch seine Werteinstellungen und seine Moral. Spätestens in Lebenskrisen und Grenzsituationen wird sich die Tragfähigkeit des jeweiligen Glaubens dann erweisen müssen. Als Glaube, um das nochmals zu betonen, gilt selbstverständlich auch die erste Position. Denn dass mit dem Tod alles aus ist, lässt sich genauso wenig beweisen wie eine Weiter-existenz im Jenseits oder die Wiedergeburt. Es kann daher immer nur um die konkrete Bewährung einer Glaubensauffassung im Alltag gehen. Allein darin kann sich etwas von der Wahrheit zeigen.

Nur ein Beispiel für eine solche Grenzsituation: Stell Dir vor, Dein Arzt würde Dir morgen bestätigen, Du hättest Krebs in einem fortgeschrittenen und unheilbaren Stadium! Welche der vier Glaubenspositionen wird Dir vermutlich den wirksameren Trost spenden, Dir die nötige Kraft und Hoffnung geben, um diese Situation „bewältigen" zu können?

Was einer denkt und glaubt, ist meist schon wesentlich durch seine Lebensumstände (Wohlstand, Armut, Krankheit, Behinderung usw.), seine Religion und Kultur, seine Erziehung und sein Lebensalter sowie den Zeitgeist mitbestimmt. Die Erfahrung lehrt aber, dass sich unsere Einstellungen im Laufe des Lebens teilweise radikal verändern. Zum Glück. Wie sollte es sich auch anders bemerkbar machen, dass wir etwas dazugelernt haben. Das betrifft nicht zuletzt auch unsere Einstellung zum Tod. War einer mit 16 davon überzeugt, es käme nichts mehr danach, so wirbt er vielleicht mit 26 für die Wiedergeburtslehre, glaubt mit 46 laut eigenen Worten „gar nichts" und hält dann mit 66 wieder ein Jenseits für glaubhaft. Oder umgekehrt. Viel hängt davon ab, was uns geschieht und mit wem wir zu tun haben.

3. Immer wieder aufstehen!

Wenn ich schon versuche, Dir hier ein paar gedankliche Orientierungs-Angebote zu unterbreiten, wäre es unfair, würde ich nicht auf die christliche Antwort noch etwas näher eingehen.
Insbesondere der christliche Glaube an eine Existenz über den Tod hinaus hat unter sehr vielen Missverständnissen zu leiden. Die Rede von der Auferstehung und die Art und Weise ihrer kirchlichen Verkündigung scheinen über lange Zeit hinweg ein Falschverstehen geradezu heraufbeschworen zu haben. Es wurde primär als eine geschichtliche Tatsache hingestellt, was als lebensbejahende Glaubensbotschaft gedacht ist.

Was die Bibel als Hauptquelle der jüdischen und später auch der christlichen Glaubenstradition über Leben und Tod zu erzählen weiß, bringt sie teils in recht eigenwilliger Form zur Sprache. Zumindest kommt es uns heute so vor. Unsere Sprache ist nicht die Sprache der Bibel. Wir leben in einer anderen Welt als die biblischen Erzähler. Es waren die Sprachen, Kulturen, Vorstellungen und das Weltbild des Alten Orients, die in die biblischen Texte eingeflossen sind.
Sie bilden eine ziemliche Hürde und machen ein gutes Stück Übersetzungsarbeit nötig. Das schließt mehr ein als die Übertragung hebräischer und altgriechischer Sätze in heutiges Deutsch.

Es geht um die Vermittlung von Erfahrungen und Erkenntnissen zu den zentralen menschlichen Themen wie Hoffen und Scheitern, Schuld und Vergebung, Freude und Mitleid, Angst und Liebe.
Die Bibel enthält in ihren Erzählungen viele dieser Erfahrungen früherer Generationen in quasi einge-frorener Form. Die Vereisung zu lösen, das ursprünglich Gemeinte wieder „flüssig" zu machen, bleibt Aufgabe von Leser und Hörer. Es gelingt dem, der genau hinhört und sensibel wird für das, was zwischen den Zeilen zum Ausdruck kommt.

81

Wer es schafft, diese alten Texte für sich wieder zum Sprechen zu bringen, wird sich in manchen Gestalten wiederfinden können. Er wird viele unserer heutigen Fragen und Probleme dort schon benannt sehen und vor allem auch für sich ganz persönlich etwas „herausholen". Wenn zwischen den damaligen und meinen heutigen Erfahrungen inhaltliche Fäden geknüpft werden können, dann zeigen sich die alten Geschichten plötzlich überraschend lebendig und aktuell. Dann sieht dieses Buch gar nicht mehr so „alt" aus.

Zurück zum anstößigen Begriff der Auferstehung. Er verursacht leicht Knoten im Gehirn, wenn wir beim Lesen oder Hören einer spontanen bildlichen Vorstellung auf den Leim gehen. Die bildhafte Botschaft des Neuen Testaments ist folgende:
Nach qualvollem Sterben am Kreuz wurde Jesus ins Grab gelegt, in dem er am übernächsten Morgen nicht mehr zu finden war. Engel (!) klären seine verdutzten Freunde darüber auf, dass er nicht tot sei, sondern lebe. Er „erscheint" dann einzelnen und auch einer größeren Zahl seiner Jünger. Sie wollen es zuerst nicht glauben, sind aber nachher felsenfest davon überzeugt, er sei auferstanden, sei nicht im Tod geblieben. Ihnen wird auch klar, dass sein „Weiterleben" als endgültige Bestätigung seiner Lehre und seines Lebens zu verstehen ist.

Der Glaubensweg, den Jesus gezeigt hatte, war für sie jetzt zu dem Weg geworden, den alle Menschen gehen können und sollen, sofern sie wirklich nach Sinn und Erfüllung, nach einem tragfähigen Lebensmodell und einem solidarischen Gemeinschaftsleben suchen. Also begannen seine Freundinnen und Freunde für diesen Weg zu werben.

Was mit Jesus im bzw. nach seinem Tod geschah, wird zum eigentlichen „Aufhänger", zum offensichtlich unerwarteten Motivations-Schub für seine Freunde, die Sache fortzusetzen. Die gewonnene Überzeugungskraft war bekanntlich so groß, dass seither ungezählte Christen bereit waren, für diese Wahrheit ihr Leben zu riskieren.

Was diese außergewöhnliche Initialzündung vor gut 2000 Jahren allerdings ausmachte, ließ und lässt sich mit Worten kaum hinreichend beschreiben. Soviel aber immerhin: Jesus war kein Zombie! Er ist nicht als eine Art „lebender Toter" wieder aus dem Grab gestiegen.

Auch nicht als eine Art Gespenst, das die Jünger verblüffte und an ein Weiterleben nach dem Tod glauben ließ.

Jesus war ein Mensch wie alle anderen auch. Und er ist gestorben wie alle anderen auch (wenn wir von der Todesart mal absehen). Was seine Freunde ausdrücken wollten, und was die sich langsam entwickelnde Theologie unter dem Begriff der „Auferstehung" (besser: „Auferweckung") später auszusagen versuchte, darf vielleicht so umschrieben werden:

Wir glauben fest daran, dass dieser Jesus so überschäumend voll von Lebendigkeit war, dass er auf seine Mitmenschen, denen man das Leben schwer machte oder die es selber zu schwernahmen, eine befreiende und belebende Wirkung hatte. Seine Lehre und seine Ausstrahlung gaben Grund zu der Ansicht, er verkörpere in unvergleichlicher Weise das, was Leben sein soll, wie Menschen zu sich selbst und damit zu Gott finden können. Jesus hatte gezeigt, wie menschliches Leben von Gott her gedacht ist und dass unser Leben nur dann zu einer letzten Sinnerfüllung gebracht werden kann, wenn wir es bis auf seinen tiefsten Grund, auf Gott hin, ausloten.

Das Bewusstsein, mit Gott als dem innersten Geheimnis des Lebens und der Welt in einer besonders engen Verbindung zu stehen, war für Jesus die Quelle seiner Lebensenergie. Für ihn war Gott wie ein liebevoller Vater, ein immer ansprechbares Du, in das man sich fallen lassen kann.

Wenn also in und durch Jesus etwas von Gott als der unergründlichen Innenseite des Lebens „sichtbar" gemacht wurde, so durfte nun auch - im gläubigen Weiterdenken - angenommen werden, dass der Tod nicht das letzte Wort hat.

Leben ist mehr als wir wahrnehmen und erahnen. Gott ist ein Freund des Lebens. Darum findet das Leben am Tod auch nicht seine Grenze. Erst recht nicht das Leben des Jesus aus Nazareth.

Dass er trotz seines scheinbaren Scheiterns kein Gescheiterter war, dass er nicht einfach verschwunden und (auch von Gott!) vergessen ist, sondern lebt, genau das war die Überzeugung der ersten Christen. Dieses Überzeugtsein war für sie begründet und jeweils neu bestätigt durch ihre eigenen Erfahrungen. Dort, wo sie sich bemühten, so zu leben wie ihr Vorbild, spürten sie wohl auch immer wieder etwas von dem Geheimnis, das sich für sie mit dem Namen Jesus verband. In der Sprache ihrer Zeit und ihrer Kultur haben die Verfasser des Neuen Testaments versucht, das Außerordentliche dieses Geschehens so dicht wie möglich in Worte zu fassen und in Form von Erzählungen für spätere Generationen einzufangen.

Lies einmal selber nach, was sie geschrieben haben. Zum Beispiel die Emmausgeschichte bei Lukas (24,13-35); die Erscheinung vor den Jüngern, ebenfalls bei Lukas (24,36-53); das Ende des Johannesevangeliums (Kapitel 20 und 21) oder was Paulus im 1. Korintherbrief schreibt (Kapitel 15). Du wirst feststellen, dass alle diese Texte über die Auferstehung bzw. den Auferstandenen letztlich ein einziges Gestottere sind.

Sie sind der verständliche, aber weitestgehend vergebliche Versuch, etwas in Worte zu gießen, was in den begrenzten Gefäßen unserer Sprache nicht vollends transportiert werden kann. Es muss am Ende bei Hinweisen, Metaphern, Gleichnissen und paradoxen Geschichten bleiben. Mehr ist nicht möglich. Wer allerdings geschärfte Augen für das Leben hat, dem wird das schon genug sein.
Das Leben intensiver wahrzunehmen, heißt nämlich auch, den Tod deutlicher zu sehen. Der Tod am Lebensende hat viele kleine Vorläufer, die alle seinen Stempel tragen, doch meist nicht als solche erkannt werden.

Ich unterstelle einmal, dass Du selber schon diesen unscheinbaren Todesboten begegnet bist. Sie sind z. B. dort zu finden wo…

* eine Freundschaft zerbricht,
* keine Bewegung bzw. Entwicklung mehr zu erkennen ist,
* jemand seinen Lebensmut verliert,
* Hoffnungen enttäuscht werden,
* einer keinen Sinn mehr im Leben sieht,
* Menschen sich selbst und anderen das Leben schwermachen,
* nicht mehr gelacht wird,
* einer seine Zukunft nur noch schwarzsieht,
* die Einsamkeit nicht mehr durchbrochen wird,
* einer weder Freude noch Trauer empfindet,
* „Null-Bock" und „Scheißegal" den Ton angeben,
* Du Dich selber nicht mehr wichtig nimmst und Dir nichts zutraust.

Alle Kräfte, die das Leben beschneiden, entwerten, kleinmachen und zerstören wollen, tragen die Gesichter des Todes. Wo sie zu wirken beginnen, verliert das Leben an Kraft und Schönheit.
Sie endgültig auszuschalten ist nicht möglich, aber wir können stets unsere Wachsamkeit verbessern und damit das Wuchern dieser Kräfte begrenzen. Das fängt bei unserem Denken und Fühlen an und ist ganz wichtig im Umgang mit unserer Sprache.
Da wird einer „mundtot" gemacht; ein anderer ist „für mich gestorben"; ganze Gruppen werden „totgeschwiegen"; jemand wird „kaltgestellt", „fertiggemacht" oder „erledigt". Auch die Zeit wird „totgeschlagen", man „geht über Leichen" oder kann einen bestimmten Menschen „auf den Tod nicht leiden". Das mag oft nur so dahingesagt sein, es offenbart trotzdem den wenig erbaulichen Hintergrund.

Von den erwähnten Erscheinungsformen des Todes enthält die Gleichgültigkeit sicherlich das wirksamste Gift. Wem es buchstäblich egal ist, was aus ihm wird, wie es anderen Menschen ergeht, ob unser Planet in absehbarer

Zeit den Bach runtergeht usw., der investiert auch nichts mehr ins Leben.

Er lässt nur noch geschehen. Er hat resigniert und schaut teilnahmslos zu, wie seine Lebensfreude allmählich verdunstet. So zu leben ist eigentlich kein Leben mehr. Wer soweit ist, ist tot, auch wenn er nach außen noch recht lebendig wirkt. Derart „lebende Tote" gibt es leider viele. Der äußere Schein trügt, er taugt nicht zur Beurteilung der Qualität von Leben.

Das wussten auch schon die Menschen aus biblischen Tagen. Sie betonten immer wieder, Gott sei ein Gott des Lebens. Und zu leben hieß für sie: in Beziehung sein. Daher ist in der Bibel so oft vom Volk Gottes die Rede. Wirkliches Leben ist für uns Menschen nämlich ausnahmslos auf das Miteinander, auf Gemeinschaft angewiesen. Ohne gelingende Beziehungen ist niemand auf die Dauer lebensfähig. Ohne empfangene und auch verschenkte Liebe kann man existieren, dahinvegetieren, aber nicht leben. Wer von den anderen getrennt lebt (oder leben muss), von ihnen vergessen, ausgeschlossen oder links liegen gelassen wird, der ist mitten im Leben den „sozialen Tod" gestorben. Insbesondere dagegen hat Jesus gekämpft.

**Kapitel V:
Warum? - Warum eigentlich nicht!**

Der Schriftsteller Max Frisch hat in einem seiner berühmten Fragebögen einmal die folgende Frage gestellt: Gesetzt den Fall, Sie haben noch niemand umgebracht. Wie erklären Sie sich das?
Nun, wie erklärst Du es Dir?

Weil es verboten ist und unter Strafe steht? Weil man das eben nicht tut? Weil es ein Gebot gibt, man soll nicht töten? Weil Deine Eltern es Dir so beigebracht haben?
Da die Religion, speziell die christliche, in dem weitverbreiteten Ruf steht, das alltägliche Leben durch vielerlei Verhaltensvorschriften und Verbote zu erschweren, liegt mir sehr daran, in dieser Richtung noch ein paar Bemerkungen zu machen.

In den vorangegangenen Kapiteln ist, so hoffe ich, bereits ansatzweise deutlich geworden, wie wenig der moralische Zeigefinger mit dem Kern wirklicher Religiosität zu tun hat. Die Moral kann nie über dem Glauben stehen. Verhaltensregeln, wenigstens soweit sie religiös begründet werden, sind immer nur eine Folge des Glaubens, der praktische Ausdruck dieser Lebenseinstellung, nie umgekehrt.

Sich im guten Sinne menschlich zu zeigen, für bestimmte Werte und Ideale einzutreten und sie so weit wie möglich im eigenen Leben zu verwirklichen, sich also moralisch zu verhalten, ist natürlich nicht exklusiv von einer religiösen Orientierung abhängig. Es gibt ungezählte Menschen, die sich für andere einsetzen, denen Frieden, Gerechtigkeit, Umweltschutz, Fairness, Ehrlichkeit usw. sehr viel bedeuten, die aber weder einer Kirche angehören, noch sich überhaupt als gläubig bezeichnen. Manche davon sind sogar ausgesprochene Gegner der Religion. Aber dennoch verbindet sie ihr Engagement mit denen, die aus religiösen Motiven am gleichen Strang ziehen.

Vor solchen Menschen habe ich tiefen Respekt. Und mancher, der sich Christ nennt, kann sich von ihrem Beispiel eine dicke Scheibe abschneiden.

Wenn jedoch auch in der Praxis eine weitreichende Übereinstimmung herrscht, was das Motiv des Handelns angeht, zeigen sich bald Differenzen. Nicht immer sind sich Menschen dieser Motive überhaupt bewusst - auch wenn ihr Handeln nie ganz grundlos sein wird. Die entscheidende Frage ist, in wie weit das konkrete Handeln sowie die dahinterstehenden Gründe besonders weitsichtig, vernünftig, human oder ähnliches sind. Hier beginnt die eigentliche Diskussion, das Abwägen der Argumente. Und das kann recht spannend und aufschlussreich sein.

1. Urteil in letzter Instanz?

Die Parole, jeder müsse selber wissen was er tut, ist richtig und falsch zugleich. Selbstverständlich hat jeder von uns immer wieder Entscheidungen zu treffen, die ihm niemand abnehmen kann. Andererseits fängt auch niemand beim Nullpunkt an zu überlegen, was richtig und was falsch, gut oder schlecht sein könnte. Wir wachsen, ob wir es wahrhaben wollen oder nicht, ab dem ersten Lebenstag auch in eine vorhandene moralische Tradition hinein, die uns durch Elternhaus, Schule, Medien oder andere Personen in unserem Umfeld vermittelt wird. Solche Vorgaben sind in erster Linie eine Entlastung, da somit nicht erst jeder für sich selbst irgendwelche Verhaltensregeln (und die entsprechenden Erwartungen gegenüber anderen!) mühsam „erfinden" muss. Das erspart uns aber nicht, die erworbenen Moralvorstellungen in späteren Jahren immer wieder kritisch zu betrachten. Nicht nur, weil Menschen sich irren können, ein staatliches Gesetz falsch, überholt oder unmenschlich sein kann, sondern weil auch eine ganze Gesellschaft sich mit ihren Wertvorstellungen auf dem Holzweg befinden kann.

Weder die Mehrheit, noch die Regierung haben Wahrheit und Recht automatisch auf ihrer Seite. Irrtümer kommen genauso vor wie absichtlicher Machtmissbrauch. Da heißt es genau hinsehen und vernünftig nachdenken.
Dabei stellt sich allerdings wieder die Gretchenfrage nach den Kriterien unseres Urteilens. Junge Eltern beispielsweise stehen tagtäglich vor der schwierigen Aufgabe, über erlernte bzw. eingeforderte Verhaltensweisen Rechenschaft abzulegen.

Wie erklärt man denn den lieben Kleinen, dass sie sich im Supermarkt nicht einfach etwas in die Tasche stecken dürfen, dass die Schüssel Pudding nicht nur für einen hungrigen Bauch gedacht ist, dass sie sich nicht selbstständig aus Mutters Spardose bedienen dürfen, warum sie bei der Wahrheit bleiben sollen und anderes mehr.

In solchen Fällen lediglich zu sagen: „Das tut man aber nicht!", ist gewiss zu billig und bewirkt auch nichts. Schon die Kleinen wollen verstehen, warum das Eine gut, das Andere schlecht sein soll. Auf die kindliche Nachfrage sodann eine Antwort zu formulieren, die nicht nur für das Kind verständlich ist, sondern auch vor jedem Erwachsenen bestehen kann, ist nicht immer leicht, aber wichtig. Denn die Antworten und Beispiele, die einem Menschen in jungen Jahren gegeben werden, prägen wesentlich seine spätere Moral - und in der Folge den Zustand einer ganzen Gesellschaft. Die Erziehung bestimmt daher weitgehend, auf welchen Boden der sogenannten „öffentlichen Meinung" eine Diskussion über moralische Fragen jeweils fällt.

Ob also über Gesetze zu Abtreibung, Sterbehilfe oder Gentechnik gestritten wird, ob es um die Berechtigung der Todesstrafe oder die Praxis der Organspende geht: Es geht nie allein um eine pragmatische Regelung, sondern immer auch um konkurrierende Wertvorstellungen. Man konnte das in den letzten Jahren sehr gut beim Streit um das Abtreibungsrecht, die Gesundheitsreform, die Pflegeversicherung, die Organspende, die Sterbehilfe oder den Umweltschutz beobachten.

Man braucht nur etwas tiefer zu bohren, dann zeigt sich meist ganz deutlich, worum es eigentlich geht, wohin es gehen soll und was von wem als wichtig angesehen wird. Wenn Du vor einer Entscheidung stehst, die für Dein weiteres Leben große Bedeutung hat, die also niemand für Dich treffen kann (oder sollte), und bei der auch der gutgemeinte Rat von Freunden nur eine bedingte Hilfestellung ist, dann kann man von einer echten Gewissens-Entscheidung sprechen.

Sich auf die Instanz des Gewissens zu berufen, ist leicht. Aber zu sagen, was das überhaupt ist, fällt schon schwerer.

Umschreibungen gibt es viele, z. B.:
* innerer Kompass
* zwei innere Stimmen
* eine Art innerer Gerichtshof
* Stimme Gottes
* Regisseur im Hinterkopf
* Intuition für Gut und Böse
* Mittelstreifen auf der Straße des Lebens usw.

Diese wenigen Vergleiche zeigen schon, wie problematisch es ist, das Gemeinte auf einen einzigen Nenner zu bringen. Gerade weil es etwas zutiefst Innerliches ist, vermögen wir es mit Worten nur andeutungsweise zu umkreisen und es so als Tatsache zu benennen. Wir können bloß Hinweise geben und sagen: Da ist etwas in uns, das sich bemerkbar macht, wenn es um die Richtung unseres Lebensweges geht.

Woran hast Du schon einmal gemerkt, dass etwas Derartiges in Dir wirkt? Wie zeigte sich bei Dir ein „gutes" oder „schlechtes" Gewissen? Wieso ausgerechnet in diesem Fall? Wie hast du darauf reagiert?

So sicher es eine innere Regung in Sachen „richtig oder falsch" gibt, so wenig tritt sie bei allen Menschen gleichermaßen in Erscheinung.
Wo es dem Einen scheinbar gar nichts ausmacht, seine Mitmenschen nach Strich und Faden auszunehmen, schafft es ein anderer nicht einmal, eine gefundene Brieftasche stillschweigend zu behalten.
Wo der Eine keinerlei Skrupel hat, plagen den Anderen fürchterliche Gewissensbisse. Sei es das Schwarzfahren im Bus, das Fälschen einer Unterschrift oder ähnliches.

Wie lässt sich da noch von einer allgemein menschlichen Angelegenheit namens Gewissen reden, wenn manche Zeitgenossen offenbar keines haben? Was geht in denjenigen vor, die ohne jedes Wimpernzucken andere bestehlen, sich stets mit brutaler Gewalt durchzusetzen bereit sind, Brandbomben in Wohnhäuser werfen, Fremde auf offener Straße krankenhausreif schlagen, bereits Zwölfjährigen am Schultor harte Drogen verkaufen?

Ich weiß es auch nicht. Ich weiß nur, dass dies alles schlecht ist und bekämpft werden muss, weil es den fundamentalen Menschenrechten zuwiderläuft und keinem der Beteiligten zu einem wirklich besseren Leben verhilft.

Ich will jedoch auch an dem Glauben festhalten, dass es jedem dieser Täter möglich sein müsse, das Verwerfliche seines Tuns einsehen zu können.

Das klingt wohl sehr idealistisch und ist es vielleicht auch, doch ich sehe keinen anderen Weg, wenn wir bestimmte Leute oder Gruppen nicht einfach „abschreiben" und als rundum verdorben und als permanente Gefahr für die Allgemeinheit abstempeln wollen. Nach welchen Kriterien würde dabei geurteilt und gehandelt? Wie vertrüge sich eine solche „Säuberung" wiederum mit den für alle geltenden und verpflichtenden Werten?

Vor über siebzig Jahren hatten wir hierzulande eine derartige Situation schon einmal. Aus den schlimmen Folgen sollten wir derweil etwas gelernt haben.

Alle Erfahrungen zeigen, wie unterschiedlich die Prägung des Gewissens verlaufen kann. Die Wahrnehmung einer „inneren Stimme" ist ja kein nur gelegentlich auftretendes Phänomen.

Die Geschichte aller Völker und Kulturen erzählt von dieser Eigenheit des Menschen, die ihn wesentlich vom Tier unterscheidet. Insofern dürfen wir von einer Veranlagung in der menschlichen Natur sprechen.

Sie ist in etwa unserem Sprachvermögen vergleichbar. Auch diese Anlage tragen wir in uns, doch wenn wir nicht schon als Säugling angesprochen werden und langsam in die Sprachwelt unserer Umgebung hineinwachsen, verkümmert diese Möglichkeit und wir bleiben sprachlos.

So ähnlich ergeht es auch der Anlage zum Gewissen. Findet ab der frühesten Kindheit keine schrittweise Sensibilisierung statt bezüglich dessen, was für einen selbst und für andere gut oder schlecht ist, so bleibt die Veranlagung eben in den Kinderschuhen stecken, statt entfaltet zu werden.

Es ist sicher nicht übertrieben zu behaupten, dass dann ein wesentlicher, wenn nicht sogar der entscheidende Baustein einer ausgereiften Persönlichkeit fehlt.

Wir dürfen also daraus schließen: Ein Gewissen haben wir alle, wenn auch in unterschiedlichem Maß entwickelt. Der Schlüssel dazu liegt in der Erziehung. Keiner wird als Dieb oder Mörder oder Rassist geboren. Zu alledem können Menschen allein durch entsprechende Beeinflussung werden. Außerdem: Lügt, stiehlt oder mordet jemand wirklich aus dem Ratschluss seines Gewissens heraus?

Sich auf sein Gewissen zu berufen heißt demnach, sein Innerstes gezielt zu befragen - oder zumindest tief genug in sich hinein zu horchen, um eine Antwort zu finden. Wenn nun aber die Empfindsamkeit unseres Gewissens zum größeren Teil das Ergebnis äußerer Einflüsse ist, so bildet das Gewissen eben nur formell die letzte Instanz, auf die man sich beziehen kann.

Was inhaltlich an Wertvorstellungen in einen Menschen hineingelegt wird, und was er nachträglich selber als Moral mitzutragen bereit ist, das macht den eigentlichen Bezugspunkt aus.

Der Begriff Gewissen bezeichnet letztlich ja nur den „Ort", wo all die gegensätzlichen Werte, Motive, Zwecke, Absichten und Wichtigkeiten aufeinandertreffen und so etwas wie eine elektrische Spannung erzeugen. Irgendwo in uns.

Dort haust auch der vielzitierte „innere Schweinehund", der überwunden werden soll. Dort streiten sich - um ein altes religiöses Bild zu gebrauchen - Engel und Teufel um unsere Seele. Sachlicher ausgedrückt: Es geht um den richtigen Weg zum Glück und zu einem gelingenden Leben - für uns und andere.

Die Ausprägung des Gewissens muss folglich als ein lebenslanger Prozess verstanden werden. Auf diesem Weg gibt es zweifellos Sprünge, Umwege und Stillstände, es gibt Rennläufer und solche, die etwas mehr Zeit und Geduld für die gleiche Etappe benötigen.

In der Regel lässt sich der Prozess der Gewissens- und Persönlichkeitsreifung, in wenigstens drei aufeinander folgende Stufen einteilen:

1. Stufe: Gehorsam - Ich tue, was man mir sagt.
2. Stufe: Anpassung - Ich tue, was andere tun.
3. Stufe: Verantwortung - Ich tue, was ich für richtig halte.

Die erste Stufe ist normalerweise der Kindheit zuzuordnen. Die Autorität der Eltern bildet hier den Maßstab der Orientierung. Irgendwann tritt die Weisungsmacht der Eltern jedoch in den Hintergrund und macht anderen Normgebern Platz. Oft sind in dieser Phase die Gruppe der Gleichaltrigen, die Clique, der Freundeskreis maßgebend. Das zeigt sich unter anderem an der Kleidung und am übrigen Outfit, an der Sprache, den wechselnden Modetrends und den entsprechenden Umgangsformen und Ansichten.

Bewusst oder unbewusst findet so eine Angleichung an die Umgebung statt, einfach um dazuzugehören oder weil man es eben okay findet, wie andere sich geben, was sie tragen, sagen, mögen und denken.

Der Drang, sich dennoch von allen anderen nochmals zu unterscheiden, ein eigenständiger Mensch werden zu wollen, führt zwangsläufig in Richtung der dritten Stufe. Dann zählt nicht mehr so stark, was andere wollen oder erwarten, sondern was man vor sich selbst und vor anderen verantworten kann, da man nur dies und nichts anderes für richtig und wichtig hält. Das meint allerdings keine Laune oder Willkür im Handeln nach dem Motto „Ich tue, was mir passt". So wäre es das genaue Gegenteil von Verantwortung und hätte auch mit einer Gewissensentscheidung nichts zu tun. Vielmehr sind Sachkenntnis, Vernunft und Mut zu einem Entschluss angesagt.

Wenn Du Dir nun deine Mitmenschen anschaust, wirst Du wahrscheinlich feststellen, dass das mit den Reifungsstufen in vielen Fällen nicht hinhaut. Völlig korrekt.

Nicht wenige Leute handeln noch als Erwachsene wie auf der ersten oder zweiten Stufe. Die Gruppe der Eigenverantwortlichen scheint in der Minderheit zu sein.

Wenn wir ehrlich sind, müssen wir allerdings einräumen, dass wir uns mit unserem Tun und Lassen vielfach wechselweise auf allen drei Ebenen bewegen. Aus den unterschiedlichsten Gründen.

Wie ist das bei Dir? Ändert sich Dein Verhalten mit dem Kontext, das heißt je nachdem ob Du zu Hause bist, in der Schule, am Arbeitsplatz, unter Freunden, in der Disco - oder wenn Du für Dich alleine bist? Worauf führst Du das zurück?

Selbst das realistische Eingeständnis, fremden Autoritäten gehorcht, oder sich aus Bequemlichkeit mal wieder angepasst zu haben, entbindet uns nicht, weder von den Folgen unseres Tuns, noch von dem Anspruch auf mehr Eigenständigkeit.

Der Weg hin zu einer eigenständigen und reifen Persönlichkeit verläuft immer aus der Fremdbestimmung heraus zu einem Höchstmaß an Selbstbestimmung. Nur wenn ich weitestgehend eigenverantwortlich über mein Leben Regie führe, kann ich zum Schluss sagen, es sei meins gewesen. Andernfalls heißt die Bilanz „Ich wurde gelebt" statt „Ich habe gelebt". Wer will das schon.

Die Frage bleibt bislang jedoch offen, worauf man sich denn bei einer wirklich persönlichen Entscheidung bezieht bzw. beziehen kann. Auf logische Schlussfolgerungen, die Intuition, das Gesetz, die Meinung der Mehrheit? Aber wie tauglich sind diese Kriterien?

Brauchen wir nicht Maßstäbe, die gleichermaßen von jedem akzeptiert und mitgetragen werden können und die für jeden ohne Einschränkung gültig sein sollen?

2. Laternen, die den Weg beleuchten

Stell Dir bitte einmal vor: Wir schreiben das Jahr 3018. Du gehörst zu einer Gruppe von Astronauten, denen es gelingt, samt ihren Freunden und Angehörigen die Erde beim Ausbruch des letzten großen Krieges noch rechtzeitig zu verlassen. Euer Heimatplanet wird völlig zerstört. Eine Rückkehr ist also nicht mehr möglich. Ihr kennt jedoch einen anderen Planeten, der der Erde sehr ähnlich, aber unbewohnt ist. Dort fliegt ihr ihn, um euch niederzulassen und eine neue Zivilisation zu begründen. Damit es aber wirklich zivilisiert zugeht, muss sich eure Gemeinschaft auf einige Regeln einigen, die für alle und auf Dauer gelten sollen. Ihr setzt euch also zusammen, überlegt, beratet und beschließt dann eine Art Verfassung.
Was denkst Du, wird in dieser Verfassung stehen? Auf welche Grundregeln werdet ihr euch vermutlich einigen können?

Wird es nicht so sein, dass ihr mit den einfachsten Bedingungen anfangt: dass jeder den anderen leben lässt, keiner einem anderen etwas wegnimmt, jeder frei den Lebenspartner wählen kann, niemand einen anderen materiell, gesundheitlich oder sonst wie schädigt oder ausnutzt und Vergleichbares mehr?
Klingelt nun etwas bei Dir?

Nun, ich bin ziemlich sicher, dass bei dieser fiktiven Gesetzgeberversammlung ungefähr das herauskommt, was wir aus der Bibel als „Zehn Gebote" kennen. Denn sie enthalten eigentlich nicht mehr und nicht weniger als die grundlegenden „Spielregeln", die jede menschliche Gemeinschaft braucht, wenn sie überleben und sich entfalten will. Es bleibt gar nichts anderes übrig, als das Lebensrecht, das Recht auf Eigentum, das Verbot von Betrug, Diebstahl, gegenseitiger Tötung usw. festzu-schreiben. Ohne diese Übereinkunft kann es kein gelingendes Miteinander geben.

Umgekehrt: Dieser Minimalkatalog allseitiger Rechte und Pflichten eröffnet überhaupt erst die Chance zum allgemeinen Wohlergehen. Wirkliches Glück, Zufriedenheit, Lebensfreude - oder wie immer Du es sonst nennen willst - gehen darüber hinaus und stellen noch ganz andere Ansprüche.

Wenn es also zutrifft, dass jede Gemeinschaft derartiger Grundregeln bedarf, wie sie auch in den Zehn Geboten formuliert sind, dann lässt sich schon erkennen, wie sehr diese biblischen Sätze auf allgemein menschlichem Boden gewachsen sind. Man braucht daher nicht sonderlich religiös und gläubig zu sein, um sie gut und richtig zu finden.

Damit Du nicht erst wieder nachschlagen musst, will ich sie hier kurz anführen. Wir finden sie im Buch Exodus 20,2-17:

1 Hierauf redete Gott alle diese Worte und sprach:

2 »Ich bin der HERR, dein Gott (oder: Ich, der HERR, bin dein Gott), der dich aus dem Land Ägypten hinausgeführt hat, aus dem Diensthause (oder: dem Hause der Knechtschaft).

3 Du sollst keine anderen Götter haben neben mir!

4 Du sollst dir kein Gottesbild anfertigen noch irgendein Abbild weder von dem, was oben im Himmel, noch von dem, was unten auf der Erde, noch von dem, was im Wasser unterhalb der Erde ist!

5 Du sollst dich vor ihnen nicht niederwerfen und ihnen nicht dienen (oder: sie nicht anbeten)! Denn ich, der HERR, dein Gott, bin ein eifriger (d.h. eifersüchtiger) Gott, der die Verschuldung der Väter heimsucht an den Kindern, an den Enkeln und Urenkeln bei denen, die mich hassen,

6 der aber Gnade erweist an Tausenden von Nachkommen derer, die mich lieben und meine Gebote halten.

7 Du sollst den Namen des HERRN, deines Gottes, nicht missbrauchen! Denn der HERR wird den nicht ungestraft lassen, der seinen Namen missbraucht.

8 Gedenke des Sabbattages, dass du ihn heilig hältst!

9 Sechs Tage sollst du arbeiten und alle deine Geschäfte verrichten!
10 Aber der siebte Tag ist ein Feiertag (oder: Ruhetag) zu Ehren des HERRN, deines Gottes: da darfst du keinerlei Geschäft verrichten, weder du selbst noch dein Sohn oder deine Tochter, weder dein Knecht, noch deine Magd, noch dein Vieh, noch der Fremdling, der bei dir in deinen Ortschaften weilt!
11 Denn in sechs Tagen hat der HERR den Himmel und die Erde geschaffen, das Meer und alles, was in ihnen ist; aber am siebten Tage hat er geruht; darum hat der HERR den Sabbattag gesegnet und ihn für heilig erklärt.
12 Ehre deinen Vater und deine Mutter, damit du lange lebst in dem Lande, das der HERR, dein Gott, dir geben wird!
13 Du sollst nicht töten!
14 Du sollst nicht ehebrechen!
15 Du sollst nicht stehlen!
16 Du sollst kein falsches Zeugnis ablegen gegen deinen Nächsten!
17 Du sollst nicht begehren deines Nächsten Haus! Du sollst nicht begehren deines Nächsten Weib, noch seinen Knecht, noch seine Magd, noch sein Rind, noch seinen Esel, noch irgendetwas, was deinem Nächsten gehört.«
(Übersetzung: Hermann Menge)

Viele Menschen stoßen sich an diesen harten Formulierungen „Du sollst .." und „Du sollst nicht ...". Aus gutem Grund. Die Formel „Du sollst nicht..." erinnert sehr an den erhobenen moralischen Zeigefinger, an strikte Verbote und angedrohte Strafen. Die Stoßrichtung der Bibel ist aber genau entgegengesetzt. Sie will nicht drohend einschränken, sondern Möglichkeiten schaffen zur Entfaltung des Lebens.

Um das zu verstehen, darf man die ersten Verse (Exodus 20,2) nicht zu schnell übergehen. Ausgangspunkt der Weisungen ist ja nicht nur der gemeinsame Glaube, sondern vorrangig die Erfahrung von Befreiung und Freiheit, die ursächlich mit Gott verbunden wird. Das Bekenntnis, Gott wolle die Freiheit jedes Einzelnen, er sei ein Freund des Lebens und ihm gehe es vor allem um das Wohl der Menschen, bildet den Grundton aller Gebote. Sie wollen allen Menschen eine Hilfe sein und ihren Lebensweg ausleuchten. Die Weisungen 4 bis 10 appellieren geradezu an die menschliche Vernunft. Müsste es daher nicht jedem Menschen von selber einleuchten, dass diese Regeln im höchsten Maße human sind, dass erst durch ihre uneingeschränkte Gültigkeit für alle so etwas wie Menschlichkeit erreicht werden kann?

Die Weisungen 1 bis 3 gehen über das soziale Miteinander hinaus und verknüpfen das Heil des Menschen mit Gott. Anders gesagt: Diese ersten Sätze wollen die Erinnerungen daran wachhalten, dass das Erdenleben noch nicht alles ist: Alles Leben und die ganze Welt, haben einen Ursprung und ein Ziel. Vergesst dieses Geheimnis nicht! Denkt nicht zu klein vom Leben, es ist mehr als wir ahnen! - So höre ich diesen Text sagen.

Was ich darüber hinaus noch aus diesen alten Weisungen für unser heutiges Leben heraushöre, möchte ich kurz zu umschreiben versuchen.

1. Wenn Du das Leben liebst und in seiner Tiefe das Geheimnis spürst, dann hast Du es nicht nötig, etwas anderes für das Größte zu halten. Vertraue auf diesen geheimnisvollen Gott, dann brauchst Du keine Angst zu haben, vor nichts und niemand. Nur so bleibst Du frei von allen falschen Abhängigkeiten, sei ihr Name Konsum, Wohlstand, Vergnügen, Erfolg, Leistung oder wie auch immer. Du bleibst frei für das Leben.

2. Wenn Du das Leben liebst und in seiner Tiefe das Geheimnis spürst, dann bist Du auch in der Lage, es als Geheimnis zu wahren. Dann hast Du es nicht nötig, fragwürdigen Sicherheiten nachzujagen, weder bei einem Guru, noch einer Partei, noch in der Wissenschaft und auch nicht in der Kirche. Du wirst unterscheiden können zwischen dem, was Dein Leben reicher macht und dem, was Dir Fesseln anlegt. Du wirst nichts Gemachtes für

Gott halten, sondern für ihn einen Platz in Deinem Herzen freihalten.

3. Wenn Du das Leben liebst und in seiner Tiefe das Geheimnis spürst, dann wirst Du gelassen bleiben, weil Du Dir der wohlwollenden Nähe Gottes gewiss sein darfst. Dann wirst Du es nicht nötig haben, Deine Lebenskraft allein auf Dich selbst zu konzentrieren, damit Dir kein Gramm Glück verloren geht. Du wirst einsehen und erfahren, dass das Leben ein Geschenk ist und dass Du die wesentlichen Dinge zum Glück immer nur aus anderer Hand empfangen kannst. Du darfst darauf vertrauen, dass Gott Dich nicht vergisst.

4. Wenn Du das Leben liebst und in seiner Tiefe das Geheimnis spürst, dann wirst Du auch Deine Seele nicht vergessen. Du wirst es nicht nötig haben, in den Pflichten und Sorgen oder gar den Vergnügungen des Alltags unterzugehen, statt daran zu denken, dass auch Dein Leben einen Wert und ein Ziel hat. Du wirst bei aller Arbeit und Ablenkung Dich daran erinnern, Deinem Leben eine Richtung zu geben und den Gedanken nicht verlieren: Gott ist mit mir auf dem Weg.

5. Wenn Du das Leben liebst und in seiner Tiefe das Geheimnis spürst, dann wirst Du es wichtig finden, besonders für die da zu sein, die eng mit Deinem Leben verbunden sind: Deine Eltern, Geschwister oder Kinder. Du wirst es nicht nötig haben, Dein Leben gegen das ihre zu stellen in der Meinung, dadurch mehr Freiheit zu erlangen. Du wirst in deinem Herzen spüren, wann sie Dich brauchen. So wie Gott auch als Mutter oder Vater erfahren werden kann, so werden andere Dich erfahren.

6. Wenn Du das Leben liebst und in seiner Tiefe das Geheimnis spürst, dann wirst Du auch wissen, wie sehr alle Menschen am Leben hängen und für deren Leben und Wohlergehen eintreten. Du wirst es nicht nötig haben, Dein Leben dauernd in Konkurrenz und Bedrohung zu sehen. Du wirst von deinen Mitmenschen nicht zuerst das Schlechte erwarten, sondern ihnen ohne Vorurteile begegnen.

Dir werden Gemeinschaft, Solidarität und Liebe wichtiger sein als alles, von dem nur Du allein den Nutzen hast.

7. Wenn Du das Leben liebst und in seiner Tiefe das Geheimnis spürst, werden Dir auch die zwischenmenschlichen Bindungen heilig sein. Du wirst es nicht nötig haben, in eine Freundschaft oder Ehe einzudringen des eigenen Vorteils wegen. Die Beziehungen, in denen Du lebst, wirst Du schätzen und fördern, statt sie aus egoistischen Gründen aufs Spiel zu setzen. Niemand ist eine Insel. Das Gelingen des Lebens ist von gelingenden Beziehungen abhängig. Diese Einsicht wird Dein Handeln bestimmen.

8. Wenn Du das Leben liebst und in seiner Tiefe das Geheimnis spürst, dann wirst Du Dich auch dafür einsetzen, dass jeder das Nötige zum Leben hat. Du wirst es nicht nötig haben, auf Kosten anderer zu leben. Du wirst darauf achtgeben, wo andere durch Dich eingeschränkt und in ihrer Freiheit und Würde beeinträchtigt werden. Das geschieht schon beim Einkaufen von Produkten, die verschwenderische Mengen an kostbaren Rohstoffen oder Energie verbrauchen oder durch deren niedrigen Preis Menschen in Armut geraten oder bleiben.

9. Wenn Du das Leben liebst und in seiner Tiefe das Geheimnis spürst, dann wirst Du ein Freund der Wahrhaftigkeit sein und Dich überall für sie stark machen. Du wirst es nicht nötig haben, andere durch die Unwahrheit zu schädigen oder dadurch einen Vorteil anzustreben. Du wirst darum wissen, wie unverzichtbar Ehrlichkeit und Vertrauen sind, ohne die Menschen nicht miteinander leben können.

10. Wenn Du das Leben liebst und in seiner Tiefe das Geheimnis spürst, dann wird Dir jeder Neid auf das Glück anderer Menschen fremd sein. Du wirst es nicht nötig haben, ständig haben zu wollen, was ein anderer hat und noch mehr. Dir wird nicht Dein Besitz wichtiger sein als das, was Du aus Dir selber heraus bist.

Dein Blick für die wahrhaft nötigen Dinge des Lebens wird nicht durch zu viel Greifbares verstellt sein. Denn mit leeren Händen kamst Du zu Welt und wirst sie ebenso wieder verlassen. Dein Herz wird daher nie ganz an etwas Vergänglichem haften bleiben. Es wird sich offen halten für das Größere.

Sag selbst, sind diese Perspektiven so abwegig und weltfremd? Würde es sich nicht lohnen, diesen „Geboten" im Alltag einen angemessenen Stellenwert einzuräumen und sich daran zu orientieren?

3. Vom Schwamm ist nicht die Rede

Den roten Faden der biblischen Gebote hat Jesus zusammengefasst in der sogenannten „Goldenen Regel" (Matthäus 7,12): *Alles, was ihr also von anderen erwartet, das tut auch ihnen! Darin besteht das Gesetz und die Propheten.*

Der Volksmund kennt diese Regel unter negativem Vorzeichen: *Was Du nicht willst, das man Dir tu, das füg auch keinem andern zu!* Wie dem auch sei, ich kenne niemanden, der ihr nicht grundsätzlich zustimmen würde. Und es sähe wahrscheinlich besser auf der Welt aus, wenn sich mehr Menschen an dieser Regel orientierten. Doch bei allem hochherzigen Idealismus und allem redlichen Bemühen müssen wir zugeben, die Dinge liegen nicht immer so eindeutig und klar. Oft genug ist es gar nicht so einfach zu entscheiden, welcher Weg der bessere ist und welche der Alternativen den eigenen Moralvorstellungen eher gerecht werden. Manchmal scheint auch keine Alternative da zu sein, die man guten Gewissens wählen könnte. Denn gelegentlich finden wir uns in einer Situation wieder, die keine saubere Lösung zulässt, bestenfalls nur die Wahl des kleineren Übels. Oft aber stehen wir uns bei der Verwirklichung unserer guten Vorsätze selbst im Weg.
Das fängt bei der eigenen Trägheit, dem Egoismus, der Eitelkeit, dem Machtstreben usw. an und endet z. B. bei der gemeinsamen Verdrängung von weltweiten wirtschaftlichen und ökologischen Unrechts-Strukturen. Wo dies sehr bewusst geschieht, ist es verwerflich. Bisweilen ertappen wir uns auch dabei, unrecht gehandelt zu haben ohne es zu wollen. Wie häufig rutschen uns z. B. aus Gedankenlosigkeit im Zorn oder Übereifer Bemerkungen heraus, die einen anderen sehr verletzen.

Warst Du schon einmal in einer solchen Situation? Was tust Du, wenn Du einsiehst, jemandem Unrecht getan oder ihm sogar einen Schaden zugefügt zu haben? Wann hast Du Dich zuletzt so richtig schuldig gefühlt? Wie hast Du darauf reagiert?

Hast Du jemals aus gutem Grund um Verzeihung gebeten oder einem anderen verziehen?

Wir sind alle fehlbar und haben unsere Fehler. Wir sind großzügig im Fordern und Erwarten, bleiben aber unseren Nächsten meistens etwas schuldig. Wir treten öffentlich und lautstark für lobenswerte Ziele ein, doch schon im engsten Lebenskreis schrumpft die leuchtende Theorie oft zu einem recht spärlichen Kerzenschein zusammen. Diesem höchst menschlichen Dilemma vermag niemand auszuweichen. So stellt sich nun die Frage: Wie gehen wir damit um? Wie leben wir mit dem anhaltenden Zwiespalt von Ideal und Realität, von guter Absicht und stets neuem Versagen?

Auf dieses Thema möchte ich abschließend noch eingehen. Vielleicht ahnst Du schon, worauf ich hinausmöchte. Genau. Es geht um das, was man Beichte oder Bußsakrament nennt. Ich weiß, dass sehr viele (und nicht nur junge) Leute mit dieser Seite des kirchlichen Lebens schlechte Erfahrungen gemacht und dadurch ein ziemlich schiefes Bild von der Sache gewonnen haben. Eben darum, weil von kirchlicher Seite dabei falsch gemacht wurde, greife ich das Thema auf und versuche ein paar Missverständnisse auszuräumen.

Die Beichte ist im Grunde genommen nicht mehr und nicht weniger als ein Angebot, mit den Erfahrungen von Schuld und Versagen, also der eigenen Unzulänglichkeit, besser zurecht zu kommen. Und weil sie ein Angebot, eine Hilfestellung sein will, sollte sie nie mit einem Muss verbunden werden. Einen Zwang zur Beichte kann es nicht geben. Wer ihn trotzdem erfahren musste, wird sicherlich nur noch mit Abscheu und Widerwillen daran zurückdenken. Es darf nämlich nicht aus den Augen verloren werden, dass das Sakrament der Beichte eine Ausdrucksform des Glaubens sein soll. Ein Zeichen dafür, dass Gott und Mensch zusammengehören und sich daraus für uns Menschen bestimmte Wert- und Zielvorstellungen für die Lebenspraxis ergeben.

Wenn der christliche Glaube davon spricht, dass Gott ein Freund der Menschen sei und ihr Wohlergehen wolle - so abzulesen am Beispiel von Jesus - dann muss es konsequenterweise eine kirchliche Praxis geben, die genau das zu realisieren sich bemüht. Kirche ist hierbei erstmal nur der Sammelbegriff für die Glaubensgemeinschaft derer, die sich in ihrem Gottesglauben an Jesus orientieren. Aber in diesem Glauben zu leben, heißt nicht, von all den Fragen, Problemen, Nöten, Versuchungen und Schwächen verschont zu werden, die auch andere Menschen belasten.

Gläubige wie Ungläubige haben in gleicher Weise mit den Herausforderungen des Lebens zu kämpfen. Dem religiösen Menschen wird alles Fehlverhalten sogar noch mehr zu Herzen gehen, da von ihm ein geschärftes Bewusstsein für Recht und Unrecht erwartet werden kann. Er darf aber in seinem Glauben, so romantisch das wieder klingen mag, darauf vertrauen, dass Gott ein großes Herz hat, in dem reichlich Platz für Verständnis und Nachsicht zu finden ist. Diese Überzeugung wurzelt vor allem in der Praxis Jesu: sie zeigt uns, dass Vergebung und eine stets neue Chance zum besseren Leben für jeden Menschen unverzichtbar sind. So wie Jesus vielen Menschen dazu verholfen hat, mit sich und ihrer Umgebung besser klar zu kommen, so stellt sich allen, die sich auf ihn berufen, die gleiche Aufgabe. Christen sollen sich gegenseitig das Leben leichter machen. Dem hat auch die kirchliche Einrichtung der Beichte zu entsprechen. Wo sie nicht Hilfe und Erleichterung mit sich bringt, sondern Druck, Angst oder Minderwertigkeitsgefühle erzeugt, da verfehlt sie ihren Sinn.

Inzwischen hat sich in vielen Gemeinden neben dem klassischen Beichtstuhl, der eher abschreckend wirkt, das sogenannte Beichtzimmer durchgesetzt.
Ein schlichter Raum, in dem man dem Priester völlig zwanglos gegenübersitzt. So bekommt diese Praxis im doppelten Sinn ein menschliches Gesicht.

Wer dort hingeht, um sich einem Seelsorger anzuvertrauen, der sollte einen Grund dafür haben, der in ihm selber wurzelt. Wenn ich beichte, dann in der Annahme, in diesem Seelsorger einen kompetenten und verständnisvollen Zuhörer und Ratgeber zu finden, der mir weiterhelfen kann. Das setzt nicht nur eine gewisse Sympathie und Vertrauensbasis voraus, es zeigt auch, dass ich nicht mit jedem Problem beim Priester an der richtigen Adresse bin. Auch er ist nur ein Mensch mit begrenzten Fähigkeiten und Kräften, wenn er sie auch jedem bereitwillig zur Verfügung stellen wird.

In nicht wenigen Fällen wird ein Seelsorger mit den konkreten Nöten seines Gegenübers überfordert sein, sofern derjenige zum Beispiel bei einem Therapeuten besser aufgehoben wäre. Viele "Delikte" gehören auch gar nicht in die Beichte. Jedenfalls dann, wenn deren Bereinigung an anderer Stelle besser angebracht ist. Den Ehebruch vor einem Priester zu bekennen, mag dem Schuldigen zwar eine teilweise Erleichterung von seiner Gewissenslast bringen, doch wird ihm der Seelsorger klarmachen müssen, dass seine Schuld selbst durch die Beichte nicht einfach aus der Welt geschafft wird. Der Ort der eigentlichen Beichte seines Fehlverhaltens ist in diesem Fall das offene und ehrliche Gespräch mit dem Menschen, den es ganz wesentlich betrifft, seiner Frau. Erst dort wird er im gemeinten Sinn Vergebung erreichen können.

Und wenn nicht, wirst Du fragen. Nun, jedes Verzeihen ist freiwillig und bleibt ein Geschenk, das man nicht erzwingen kann. Die Frau wird das nur ganz allein entscheiden können. Es ist ihre Gewissensentscheidung, bei der sie nun abwägen wird, was für sie wichtiger ist und welche Folgen die eine oder andere „Lösung" für alle Beteiligten (z. B. auch die Kinder) haben wird. Wer könnte ihr verübeln, wenn sie nicht bereit oder fähig ist zu verzeihen?
Der Seelsorger fungiert in der Beichte lediglich als ein Vermittler. Er soll quasi stellvertretend für Gott diesen Menschen unterstützen bei der Bewältigung seiner

Schuld und ihn stärken bei seinem Bemühen, es in Zukunft besser zu machen.

Beichte darf nie so missverstanden werden, als würde man danach mit einer reinen Weste wieder nach Hause gehen und alles sei jetzt in Ordnung, frei nach dem Motto „Schwamm drüber und fertig". Das wäre schlichter Selbstbetrug und ein unredlicher Umgang mit unseren Schattenseiten. Was geschieht also in der Beichte? Lass es mich am Beispiel etwas verdeutlichen.

Wenn die Frau wirklich die Kraft aufbringt, ihrem untreuen Gatten zu verzeihen und damit dieser Ehe nochmals eine Chance gibt, heißt das jedoch nicht, dass der Seitensprung (welch ein unpassendes und verharmlosendes Wort!) aus dem Gedächtnis gelöscht wird. Aber er wird dort abgelegt.

Verzeihen und Vergessen sind nicht dasselbe! Wenn sie ihm die erlösenden Worte des Verzeihens sagt, drückt sie ja damit aus: Du hast mir sehr weh getan und mich enttäuscht; aber ich liebe Dich und stehe auch weiterhin zu Dir; was Du getan hast, wird Deine Schuld bleiben, aber sie soll nicht auf Dauer zwischen uns stehen, sie soll uns nicht trennen; wir haben immer noch so viel, was uns verbindet, dass wir genügend Grund haben weiterzumachen und den gemeinsamen Lebensweg fortzusetzen. Beide werden zukünftig um diesen Vorfall wissen, doch allein durch die Vergebung seitens der Frau wird dieser Vorfall nicht zum endgültigen Schlussstrich der Beziehung.

Zwischen Gott und dem Menschen spielt sich ganz ähnliches ab. Allerdings mit dem Unterschied, dass Gottes Herz größer ist als das eines Menschen, bei ihm folglich noch ungleich mehr Nachsicht und Vergebungsbereitschaft erhofft werden darf, als sie uns in unserer Begrenztheit möglich ist. Nichts anderes soll der Seelsorger demjenigen spürbar machen, der ihm schuldbewusst gegenübersitzt.

Ich räume gerne ein, dass diese Perspektive in ihrer Konsequenz am Rande dessen liegt, was uns zumutbar und verständlich erscheint. Doch eine gute Portion Herausforderung an unser Denken, Fühlen und Handeln wird der christliche Glaube immer darstellen. Und weil es vornehmlich um eine Sache des Glaubens geht, also der Schlüssel dazu letztlich in unserer Gottesvorstellung liegt, offenbart sich an diesem Punkt in besonderer Schärfe, wie groß oder klein Gott gedacht und geglaubt wird. Mir jedenfalls scheint es weder nutzlos noch unvernünftig zu sein, wenn ich auf diesen Gott und diesen Glauben setze. Was glaubst Du?

Nachtrag

1. Ein paar kleine Fußnoten

Seite 16
Das Zitat stammt aus: Robert F. Capon, Der göttliche
Fuchs, Walter-Verlag, Olten 1976, S. 22f

Seite 56
Der (kölsche) Originaltitel lautet „Wenn et bedde sich
lohne däät", Musik: Wolly Boecker / Manfred Boecker /
Steve Borg / Klaus Heuser / Alexander Büchel / Hans
Wollrath, Text: Wolfgang Niedecken
© 1982 by Musikverlage Hans Gerig oHG, Bergisch
Gladbach

Seite 62
Das Malraux-Zitat ist entnommen: Leonhard Reinisch,
Der Tod als Ende und Anfang, in: ders. (Hg.), Jenseits
der Erkenntnis, Suhrkamp Verlag (st 418), Frankfurt/M.
1977, S. 168-187, Zitat 187

Seite 81
Aus: Max Frisch, Tagebuch 1966-1971, Suhrkamp
Verlag (st 256), Frankfurt/M. 1972, S. 10

2. Wenn du mehr lesen möchtest

- Markus Beile: Religion für Nichtschwimmer. Fünf Trockenübungen, Gütersloh 2014
- Albert Biesinger / Helga Kohler-Spiegel: Gibt´s Gott? Die großen Themen der Religion, München 2007
- Matthias Clausen: Ich denke, also bin ich hier falsch? Glauben für Auf- und Abgeklärte, Marburg 2016
- Rüdiger Kaldewey / Franz W. Niehl: Christentum kompakt, München 2010
- Reinhard Körner: Kirchisch für normale Menschen, Leipzig 2015
- Joachim Kunstmann: Leben eben! Religion für Sinnsucher – eine Anleitung, Gütersloh 2013
- Norbert Scholl: Glauben im Zweifel. Der moderne Mensch und Gott, Darmstadt 2016
- Martin Schultheiss / Fabian Vogt: Glauben ist ganz einfach – wenn man nicht muss, Moers 2007
- Georg Schwikart: Prüft alles, und behaltet das Gute. Selbst entscheiden, was man glaubt, Freiburg 2015
- Gerhard Staguhn: Wenn Gott gut ist, warum gibt es dann das Böse in der Welt? Fragen an die Religion, dtv 62470, München 2011

3. Zum Absender der Briefe

Reiner Jungnitsch ist Jahrgang 1954. Verheiratet und stolz auf seine Frau und zwei erwachsene Töchter. Nach einer kaufmännischen Berufsausbildung studierte er Theologie und Religionspädagogik. Er ist seit vielen Jahren als Religionslehrer tätig, arbeitete in der Lehrerfortbildung und hat einen Lehrauftrag am Institut für Theologie und Sozialethik an der TU Darmstadt.